クリスマスの原像

福音書の降誕物語を読む

嶺重　淑

かんよう出版

表紙カバー
レンブラント「聖ヨセフの夢」
（一六四五年、ベルリン国立美術館蔵）

はじめに

救い主イエス・キリストの誕生の出来事について物語るクリスマスの物語（降誕物語）については、非キリスト教国である日本においてもよく知られており、特にキリスト教と縁がなくても、たいていの人はその大筋は知っているようである。そして、一般に知られているクリスマス物語は以下のようなものであろう。

ダビデの子孫のヨセフと婚約していた乙女マリアのもとに、ある時天使が現われて、救い主の誕生を予告する。その後マリアは天使の予告通りに身ごもり、住民登録のためにヨセフと共にベツレヘムを訪れた彼女は旅の途中で産気づくが、町は旅人で溢れ返っており、宿屋はどこも満員で空いている部屋がなかなか見つからなかった。宿屋の主人にも邪険に扱われた挙句に、彼らはかろうじて粗末な馬小屋をあてがわれ、そこでマリアはイエスを出産する。そこに、天使から救い主誕生の知らせを伝え聞いた羊飼いたちがやって来て御子の誕生を共に喜び、さらに東方から三人の博士が御子を拝むために訪れ、黄金、没薬、乳香の贈り物を捧げる。

言うまでもなく、このようなイエス誕生の物語は聖書に由来するが、その一方で、今紹介したようなクリスマス物語は、新約聖書に記されている降誕物語そのものではない（この点については、日頃から聖書に親しんでいるはずのキリスト者も気づいていない場合が多い）。例えば、一般のクリスマス物語ではイエスは馬小屋で生まれたことになっているが、聖書の物語には馬小屋には言及されておらず、また、意地悪な宿屋の主人も登場しない。さらに、一般のクリスマス物語では三人の博士が登場するが、聖書には博士が三人だったとはどこにも記されていない。

しかし、一般のクリスマス物語と聖書の降誕物語が同一でないことは、聖書の中にはマタイ福音書とルカ福音書に二つの降誕物語が含まれていることからすでに明らかである。実際、マタイとルカの降誕物語は、ダビデの子孫ヨセフと婚約していた処女マリアから、聖霊の力により神の御子イエスがベツレヘムで誕生したことを物語る点においては一致しているが、その他の点では明らかに異なっている。マタイの物語（マタ一・一八―二・二三）によると、イエスの両親となるヨセフとマリアは最初からベツレヘムに居住しており、その地でイエスは誕生する。そこへ占星術の学者たちが来訪するが、その直後にヘロデ王から幼児殺害命令が発せられたため、イエスの家族はエジプトへ逃れ、ヘロデが死んで危機が去った後にエジプトからイスラエルの地に帰還し、さらにガリラヤのナザレに移住するという筋になっている。またマタイの物語では、天使によるイエスの誕生告知は、ルカの物語のように母マリアに対してではなく、父親となるヨセフの夢の中でなされており、その点も含めて、ルカの物語ではほとんど存在感がないヨセフが、しばしば主導権をとって物語が展開していく点にマタイの降誕物語の一つの特徴があると言えよう。

一方のルカの物語（ルカ一・五―二・四〇）では、洗礼者ヨハネの誕生とイエスの誕生とが交互に折り重なるように並行して語られ、ヨハネの誕生告知の直後にイエスの誕生告知が語られ、ヨハネの誕生の記述の直後にイエスの誕生が語られるという流れになっている。そしてまた、ルカの物語においては、イエスの両親は最初からナザレに居住しており、彼らが住民登録のためにベツレヘムに赴いた際にイエスが誕生し、そこに羊飼いたちが訪ずれ、その後、両親はイエスを連れてエルサレム神殿に赴いて奉献の儀式を済ませた後、ナザレに帰還するという筋になっている。

以上のことからも想像できるように、一般に知られているクリスマスの物語は、新約聖書における二つの別個の物語が合成されたものであり、おそらく、聖書におけるこれらの二つの物語は、民間伝承として語り継がれていく過程において結び合わされ、最終的に今日一般に知られているような一連のクリスマス物語が成立したのであろう。

それにしてもなぜ、聖書にはこのように明らかに異なる二つの降誕物語が含まれており、また、それぞれの物語はどのようなメッセージを私たちに伝えようとしているのだろうか。本書では、このような問いを念頭におきつつ、両福音書の降誕物語を一節ずつ読み解いていきながら、それぞれの物語にこめられたメッセージを汲み取っていきたい。

なお、本文中の聖書テキストの訳文に関してであるが、本書においては特にギリシア語原文の忠実な翻訳を心がけた。その結果、直訳調で読みにくい訳文になっていることは重々承知しているが、原文のニュアンスを少しでも汲み取っていただければ幸いである。また、本文中の（　）には直訳では意味が取りにくい語の具体的意味を記し、〔　〕には、原文にはないが、翻訳上必要となる語句を記している。

また、本文中の聖書箇所を示す表記については、新共同訳聖書（日本聖書協会）の略記を用いた。

目次

第一章　マタイの降誕物語

まずはマタイの物語に目を向けてみよう。マタイ福音書の冒頭部に位置し、この福音書全体のプロローグとしての機能を果たしているこの降誕物語は以下のような構成になっている。

一　イエス・キリストの系図（マタ一・一―一七）
二　イエスの誕生と命名（マタ一・一八―二五）
三　占星術の学者たちの来訪（マタ二・一―一二）
四　エジプトへの逃避行とナザレへの移住（マタ二・一三―二三）

これら四つの段落の内、最初の系図（一）はいわゆる「物語」ではなく、厳密な意味では降誕物語に含まれないが、後述するように、この系図は後続の一連の物語と密接に関連していることから、ここでは降誕物語に含めて扱うことにしたい。また、この系図に続く三つの段落（二―

四）は口頭伝承に遡り、マタイ以前にすでに結合していたと考えられるが、おそらくマタイは、この一連の物語に伝承から取り入れた系図を付加して、この一―二章全体を編集的に構成したのであろう。

一　イエス・キリストの系図（マタイ一・一―一七）

それでは、マタイの降誕物語のテキストの内容に入っていくことにする。最初に冒頭の系図の部分に注目してみよう。

1 アブラハムの子、ダビデの子、イエス・キリストの系図。
2 アブラハムはイサクをもうけ、イサクはヤコブをもうけ、ヤコブはユダとその兄弟たちをもうけ、3 ユダはタマルからペレツとゼラをもうけ、ペレツはヘツロンをもうけ、ヘツロンはアラムをもうけ、4 アラムはアミナダブをもうけ、アミナダブはナフションをもうけ、ナフションはサルモンをもうけ、5 サルモンはラハブからボアズをもうけ、ボアズはルツからオベドをもうけ、オベドはエッサイをもうけ、6 エッサイはダビデ王をもうけた。
ダビデはウリヤの妻からソロモンをもうけ、7 ソロモンはレハブアムをもうけ、レハブ

アムはアビヤをもうけ、アビヤはアサをもうけ、
8 アサはヨシャファトをもうけ、ヨシャファトはヨラムをもうけ、ヨラムはウジヤをもうけ、
9 ウジヤはヨタムをもうけ、ヨタムはアハズをもうけ、アハズはヒゼキヤをもうけ、
10 ヒゼキヤはマナセをもうけ、マナセはアモスをもうけ、アモスはヨシヤをもうけ、
11 ヨシヤは、バビロン移住の頃、エコンヤとその兄弟たちをもうけた。
12 バビロン移住の後、エコンヤはシャルティエルをもうけ、シャルティエルはゼルバベルをもうけ、
13 ゼルバベルはアビウドをもうけ、アビウドはエリアキムをもうけ、エリアキムはアゾルをもうけ、
14 アゾルはサドクをもうけ、サドクはアキムをもうけ、アキムはエリウドをもうけ、
15 エリウドはエレアザルをもうけ、エレアザルはマタンをもうけ、マタンはヤコブをもうけ、
16 ヤコブはマリアの夫ヨセフをもうけ、彼女（マリア）からキリストと呼ばれるイエスが生まれた。
17 従って、アブラハムからダビデまでの世代が全部で十四代、ダビデからバビロン移住までが十四代、バビロン移住からキリストまでが十四代である。

テキストの構成と起源

このイエス・キリストの系図は、マタイ福音書、ひいては新約聖書全体の冒頭に位置している。読者の中には、新約聖書全体を通読しようと意気込んでマタイ福音書の冒頭から読み始めて

みたものの、最初に馴染みのない外国人の名前が長々と書き連ねられている系図に出くわして早くもつまずきを覚えたという経験をおもちの方もおられるだろう。確かにこの系図は一見したところ、カタカナの人名が機械的に羅列されているだけの退屈な系図のように思える。しかしながら、一見無味乾燥に思えるこの系図には実に深い意味がこめられており、その点がわかってくると、この系図は一転して興味深いものとなる。

イエス・キリストの系図はルカ福音書にも見られるが（ルカ三・二三―三八）、こちらの方は降誕物語とは直接結びついていない。ルカの系図は、古い時代から新しい時代に向かうマタイの系図とは逆に、イエスから遡及的にアダムにまで（さらに神にまで）遡り、また、記載されている人物総数も大きく異なり、個々の名称等にも多くの相違点が見られることから、両者間に文書的依存関係はないようである。また、このように双方の系図の間には多くの相違点が存在していることに加えて、これらの系図は歴代誌等の旧約聖書の記載内容とも多くの点で異なっており、その史的信憑性についてはあまり期待できそうにない。その意味でもここでは、歴史的事実の確認よりも神学的メッセージを読み取っていくことが重要となるであろう。

このマタイの系図は以下のような構成になっている。

①表題（一節）

②系図（二―一六節）

（a）第一期　アブラハムからダビデまで（二―六節a）
（b）第二期　ダビデからバビロン移住まで（六節b―一一節）
（c）第三期　バビロン移住からキリスト誕生まで（一二―一六節）

③結び（一七節）

このようにこの箇所は、冒頭の表題（一節）、アブラハムからイエスに至る系図（二―一六節）、末尾の結び（一七節）の三つの部分から構成されており、中心となる系図部分が冒頭の表題と末尾の結びによって挟みこまれ、枠付けられる構造になっている。また、この系図部分は、イスラエルが発展していくアブラハムからダビデに至る第一期（二―六節a）、その後、イスラエルが没落し、バビロン捕囚に至る第二期（六節b―一一節）、そして、イスラエルの暗黒時代にあたるバビロン移住からキリスト誕生までの第三期（一二―一六節）の三つの部分にほぼ均等に区分され、一七節によると、それぞれの時代が十四代で構成されている。この十四（×三）という数字の意味については、ヘブライ文字「ダビデ」の綴りが示す数値であるとか、バラムの託宣（民二三―二五章）のエピソードにおいて七つの祭壇上で捧げられた雄牛と雄羊の総数（七×二×三＝四二）との関連からであるとか、様々な見解が打ち出されてきたが、いずれも説得力に乏しい。また、最後の第三期については実際には十三人の名前しか記されておらず、この点についても様々な説明が試みられているが、話が煩雑になるので、ここではこれ以上立ち入らないことにする。結論的にいえば、福音書記者マタイの不手際と見なすのが妥当であろう。

なお、多くの研究者が考えているところによると、マタイの系図は、紀元前一世紀にアレクサンドリアで成立したギリシア語七十人訳聖書との関連も深いことから、ヘレニストのキリスト教会に由来すると考えられる。おそらくマタイは、伝承から受け取った系図部分（一―一六節）に結びの一七節を付加し、この箇所全体を編集的に構成したのであろう。

表題の意味

最初に冒頭の「アブラハムの子、ダビデの子、イエス・キリストの系図」（一節）という表題について見ておきたい。まずは、ギリシア語原典では冒頭に位置する「系図」と訳した「ビブロス・ゲネセオース」であるが、この表現が具体的に何を意味しているかは明らかではない。前半の「ビブロス」は書物を指し、これについては問題ないが、後半の「ゲネセオース（↓ゲネシス）」は、「起源」、「誕生」、「発生」、「生成」、「世代」等、多様な意味をもっている。この表現を①「出生の書（系図）」（創五・一参照）と訳せばこの系図部分（一―一七節）のみを指すことになり、②「誕生の書」とすれば一―二章の降誕物語全体を、③「歴史（出来事）の書」と訳せば、マタイ福音書全体を指すことになり、どのように訳すかによって、この表題そのものの意味内容が大きく変わってくる。「ビブロス」が通常一冊の書物を指し、「ゲネシス」が旧約聖書冒頭の「創世記」を表す語である点を考慮すると、「新しい創造の書」としてのマタイ福音書全体を指しているように思えるし、マタイにおけるこの語のもう一箇所の用例（一章一八節）は「誕生」の意で用いられていることを考えると、降誕物語のみを指しているようにも思える。そこで、ここでは、いずれの可能性も否定できないことを踏まえつつ、新共同訳聖書等の多くの日本語訳聖書に倣って「系図（の書）」という訳語を採用することにしよう。

さて、この表現と直接結びつく直前の「イエス・キリスト」であるが、これについては改めて説明する必要もないであろう。「イエス」という名はギリシア語の「イエスース」であり、旧約聖書に出てくる「ヨシュア」（イェホシュア）に相当する。ここからも想像できるように、このイエスという名は当時のユダヤ社会ではありふれた男子名であったが、その一方で、この名は「主は救い」という意味をもっており、その意味では、イエス・キリストの将来の使命を暗示しているとも言える。他方「キリスト」は、ヘブライ語の「メシア」（油注がれた者）に相当するが、それが個人名「イエス」と結合することによって、固有名詞化して用いられるようになるのである。

そしてこの表題には、このイエス・キリストが「アブラハムの子、ダビデの子」と表現されている。アブラハムは周知のように、イスラエル民族の始祖、族長、信仰の父として知られる人物であり、その意味でも「アブラハムの子」は本来ユダヤ人を意味している（マタ三・九、ルカ一九・九、ヨハ八・三九、ガラ三・七参照）。その一方で、この系図には改宗者（異邦人）も含まれていることから、この系図においてアブラハムは、イスラエルの父であると同時に諸国民の父としても捉えられている。

もう一人のダビデも旧約聖書における中心的な人物であり、イスラエル王国に最盛期をもたらした偉大な王、イスラエルの英雄と見なされている。「ダビデの子」はマタイに特徴的な表現であるが（マタ一・二〇、九・二七、一二・二三、二〇・三〇、二一・九、二二・四二他）、後世の人々は、このダビデの子孫からイスラエル王国を復興するメシアが現われるというメシア待望を強く抱くようになった。

アブラハムの子にしてダビデの子。イエス・キリストはまさにそのような存在として福音書の冒頭に言明されているのであるが、その意味では、この表題においてはイスラエルの主要人物の子孫、すなわち人間の子としてのイエス・キリストの側面が強調されている。その一方で、神の子としてのイエスの特質については、後続の系図部分全体を通して示されることになる。

系図のパターンとそこからの逸脱

次に二節以下の系図部分に注目してみよう。確かにこの系図は一見したところ、単に名前が羅列されている退屈なリストのようであり、「AがBをもうけ、BがCをもうけ、CがDを……」というように、直系の子孫の名前がまったく同一の定型句（パターン）によって延々と続いているような印象を受ける。そもそも系図の本来の目的が、血統の正統性を示すことによってその当人の身分を明らかにする点にあることを考えれば、それはそれで納得のいくところであろう。しかしここで注目すべきは、この系図の中には、この基本パターンから逸脱する要素が幾つか確認できる点である。例えば、二節では「ユダとその兄弟たち」というようにユダに加えて「その兄弟たち」が、三節では「ペレツとゼラを」というようにペレツに加えて「ゼラ」が、一一節も三節と同様、「エコンヤとその兄弟たちを」というように「その兄弟たち」が付け加えられている。最初のユダの兄弟たちの場合は、彼らがそれぞれにイスラエル十二部族の父祖になったという重要性に鑑みて言及されたものと考えられるし、次のペレツとゼラについては彼らが双子であった（創三八・二七―三〇）という理由が考えられる。最後の「エコンヤとその兄弟たち」については、バビロン移住がイスラエルの民全体に関わることを示唆しているのかもしれない。

さらに、系図末尾の一六節後半部の「彼女（マリア）からキリストと呼ばれるイエスが生まれた」という記述も、ここまでの「AがBをもうけ」というパターンからは明らかに外れている。特に「イエスが生まれた」の「生まれた」という部分は、原文では動詞の不定過去形受動態が用いられており、直訳すると「生み出された」というようになる。すなわち、系図の最後に記されるイエスだけは、系図上の他の人々とは異なり、人間ヨセフが「もうけた」（生んだ）のではなく、神によってマリアから生み出された存在だというのである。しかしそうだとすると、この記述は系図部分を締めくくる結びの句としては甚だ不可解なものになる。なぜなら、前述したように、系図の本来の目的が直系による血統の正当性を示す点にあるなら、ヨセフがイエスの実の父でないことを明示するこの記述はこの系図の本来の目的を完全に逸脱しており、この系図全体の主旨を台無しにしかねないからである。その意味でもここでは、イエス・キリストがそのように系図の中に収められながらも、その系図を凌駕する存在であることが示されていることになる。

不可解な四人の女性への言及

しかしながら、この系図におけるパターンからの逸脱という意味で何より注目すべきなのは、この系図の中に、最後に言及されるイエスの母マリアの他に四人の女性の名前が不規則に記されている点であろう。その女性たちとは、三節のタマル、五節のラハブとルツ、六節のヘテ人ウリヤの妻である。男性中心のユダヤ社会においては、何より血統の真正性を示す機能をもつ系図の中に女性の名前が記されていること自体、異例のことであった。しかし、それ以上に不可解なのは、そのようにこの系図の中に入り込んでいる四人の女性たちが、ことイスラエルの系図にその名を記すには、いずれもふさわしくないと思える女性ばかりだという点である。

最初のタマルについては創世記三八章に記されている。この系図には「ユダはタマルからペレツとゼラをもうけ」とあるが、実はユダとタマルは舅と嫁の関係にあった。タマルはもともとユダの長子の妻であったが、夫に先立たれ、またその後再婚した前夫の弟にも先立たれてしまい、子供がいなかったという事情もあり、何とか子供を得ようと娼婦を装い、舅のユダを誘惑して子を得た、そういう女性であった。もちろん、彼女がそのような異常な行動をとった背景には、当時のユダヤ人女性にとって子供に恵まれないことは致命的であったという事情があったのだが、それにしても、彼女の名前がこの系図に唐突に出てくるのは不可解である。次のラハブは、ヨシュアを指導者とするイスラエルの民がエリコに攻め入る前に送り込んできた偵察隊をかくまって助けた女性として知られる。そのため、エリコ陥落時には彼女の家の者だけは救われ（ヨシュ六・一七、二二—二五）、彼女の行動は新約聖書においても高く評価されているが（ヘブ一一・三一、ヤコ二・二五）、このラハブにしても元々エリコの町の娼婦であり、イスラエルの系図に敢えてその名を記す必然性があったようには思えない。

次のルツの場合は少し事情が異なるかもしれない。ルツ記に記されているように、モアブ人のルツは自分の故郷をあとにして姑のナオミに従い、イスラエルの神にどこまでもつき従って行こうとした模範的な女性として賞賛されている。しかし、このルツにしても異邦人であり、民族の純粋性を強調するイスラエルの系図という観点からは、強いて名前を挙げるべき女性であるとは思えない。最後のウリヤの妻はバト・シェバのことであるが、ここではわざわざ「ウリヤの妻」と記載されているため、ダビデが他人の妻を奪って、すなわち姦淫によって後継者となるソロモンを得たということがあらわにされている。しかしそれだけに、系図の表題にも記されているイスラエルの偉大な王の汚点を、なぜこの系図は敢えてさらけ出そうとするのか、理解に苦しむというのが率直な印象である。

このように、系図に名が挙げられている四人の女性は、いずれの場合も、素性、血統を明らかにすることを目的とするイスラエルの系図に掲載するにはふさわしくないと思われるいわくつきの女性ばかりである。なぜ、例えばアブラハムの妻サラのようなイスラエル人女性ではなく、これらの女性たちの名前が記されているのだろうか。なぜ、通常の系図のように不都合な部分を省略して美化しようとするのではなく、汚点にしか見えない影の部分をわざわざ強調しているのだろうか。

これらの女性に関して一つ気づかされるのは、いずれも不自然な仕方でこの系図の中に入ってきているという点である。すなわち、タマルは一種の近親相姦によって、バト・シェバは姦淫を通して、ラハブとルツは明らかに異邦人であるにも拘わらず、イスラエルの家系に入ってきており、つまり、いずれの場合も、通常想定される婚姻関係によってではなく、ある意味で常軌を逸した形でこの系図に組み込まれている。その意味では、この系図の五人目の女性であるマリアの場合も同様かもしれない。彼女はヨセフと一緒になる前に聖霊によってイエスを身ごもったのであるから（マタ一・一八）、このマリアにしても、本来はこの系図に記されるはずのない女性だったと言えるのではないだろうか。

彼女たちが言及されている理由

それにしてもいったいなぜ、これらの女性たちの名前だけがこの系図には記されているのだろうか。この点については古来、様々な説明が試みられてきた。ここでは、その代表的なものとして、「罪人説」、「異邦人説」、「不規則性説」を紹介しておこう。最初の「罪人説」は、古代にまで遡る説であるが、これらの女性たちは罪人の代表者であり、そのような罪人を救う神の愛がここでは示されているとする。しかしながら、この説には大きな問題がある。特にルツは明らかに模範的な女性として描かれており、ウリヤの妻バト・シェバにしても罪人というよりは犠牲者であり、またラハブやタマルにしても単純に罪人とは言い切れないというのが実際のところである。次の「異邦人説」は、四人の女性はすべて非ユダヤ人であるとする説であるが、この説にも問題がある。確かに、明らかにルツはモアブ人、ラハブはエリコの娼婦であり、カナン人である。しかし、タマルについては、初期ユダヤ教文書に彼女を非ユダヤ人（改宗者）と見なす記述も見られるとはいえ、その点は明らかではなく、バト・シェバも、夫はヘテ人であったが、彼女自身はむしろユダヤ人であったと考えられる。

　最後の「不規則性説」は、神の計画はこのような「不規則性」をもって実現されていくという点がここでは強調されているとする。すなわち、神の思いは人間には計り知れず、神の御心はそのように人間の常識を越える仕方で働き、イスラエルの民の歴史は神のくすしき御業によって導かれるというのである。これが最も蓋然性の高い説であるように思われるが、この「不規則性説」はもう少し厳密化する必要があるように思える。私見によれば、この系図に変則的に入り込んだ四人の女性はいずれも、悲しい運命を背負った時代の犠牲者として言及されているように思える。すなわち、彼女たちはいずれも、時の社会の中で翻弄され、誰よりも苦しみぬいた、そのような社会的弱者の代表として捉えられているのではないだろうか。この系図は、マタイ福音書全体において語られる救い主イエス・キリストの生涯、そしてこの世における彼の業と働きを指し示す機能も果たしているが、この系図の最後に記されているイエス・キリストこそがこれらの女性たちを照らし出す光となるということが、この系図には示されているのではないだろうか。事実、これらの女性たちはそれぞれに時の世の犠牲者であった。彼女たちは誰よりも悩み苦しみ、絶望の中で喘ぎつつ生涯を歩んでいった女性たちであり、その意味でも、彼女らのような人々こそが、誰よりも強く救い主の到来を待ち望んでいたに違いない。しかし今や、希望に満ちた新しい時代が訪れ、彼女たちが生前担っていたあらゆる痛み、苦しみ、悲しみを担われる救い主が誕生しようとしている。彼女たちの打ちひしがれた思い、苦悩、恥辱、重圧をその身に受け、すべての人間の重荷を負おうとする救い主が到来しようとしている。そのような意味でも、これら四人の女性の名を含むこの系図の背景には、イエス・キリストの誕生が、何より彼女たちに代表される恵まれない境遇にある社会的弱者に対する救いを意味し、さらに、神の救いの業は狭いユダヤ民族の枠を超えて広く異邦人世界へと広がっていくというメッセージがこめられているのではないだろうか。先にこの系図が直後のイエスの誕生物語と不可分な関係にあると記した理由がここにある。

まとめの考察

最後にイエス・キリストの系図の意義についてまとめておこう。この系図の重要性は、これが新約聖書の冒頭に位置づけられていることからも明らかである。この系図の主題は、「イエスとは何者か?」という問いであり、この系図全体を通して、イエス・キリストという存在が、一方では「人間の子」(アブラハムの子、ダビデの子)として示されていながら、他方においては「神の子」として明確に特徴づけられている。系図とは本来、人間の血の繋がり(血統)を示すものであるが、前述したように、ここで父ヨセフの実子でないと示されているイエスは、系図の中に存在しつつも、それを超える存在として際立たされている。そして、四人の女性への言及にも示されているように、この救い主イエスの誕生は何より、異邦人、社会的弱者、被抑圧者に対する救いの告知として捉えられており、このような普遍主義的な視点は、マタイ福音書末尾に記されている、すべての民を弟子にするようにとの復活のイエスの指示(マタ二八・一九)とも響き合っている。

二　イエスの誕生と命名(マタイ一・一八―二五)

次に、系図の直後に続くイエス誕生の場面を見ていこう。

18 **さて、イエス・キリストの誕生は次のようであった。彼の母マリアはヨセフと婚約していたが、彼らが一緒になる前に、彼女は聖霊によって身ごもっていることがわかった。**
19

しかし彼女の夫ヨセフは義しい人であり、マリアを晒し者にすることを望まず、ひそかに彼
女を離縁しようと思った。20 しかし、彼がこのことを思いめぐらしていたとき、見よ、主
の天使が夢で彼に現れて言った。「ダビデの子ヨセフ、あなたの妻マリアを迎え入れること
を恐れるな。彼女の中に生まれているものは聖霊によるものだからである。21 彼女は男の
子を産む。その子をイエスと名付けなさい。彼こそは自分の民をその諸々の罪から救うから
である」。22 しかし、このことすべてが起こったのは、預言者を通して主によって言われて
いたことが成就されるためであった。23「見よ、おとめが身ごもって男の子を産み、〔人々
は〕その名をインマヌエルと呼ぶ」。これ（その名）は「神は私たちと共に」と訳される。
24 そこでヨセフは眠りから覚めると、主の天使が命じたように行い、彼の妻を迎え入れ、25
彼女が男の子を生むまでは彼女を知ることはなかった。そして、その子をイエスと名付け
た。

テキストの構成と起源

系図に続くこの段落から実質的にイエスの降誕物語が始まるが、この段落と直前の系図は、「ゲネシス（系図／誕生）」（一節／一八節）、「ダビデの子」（一節／二〇節）、処女降誕のモチーフ等によって結びついている。

この段落の構成は以下のようになっている。

①状況設定―イエス誕生の背景（一八―一九節）
②天使による幼子誕生の告知（二〇―二一節）
③旧約預言の成就（二二―二三節）
④ヨセフの実行―マリアとの結婚、幼子の命名（二四―二五節）

この段落は比較的多くのマタイ的語彙を含んでいるとはいえ、命名の記述が重複し、非マタイ的表現も見られることから、全体としてマタイ以前の資料に遡ると考えられる。おそらくマタイは、口伝によって伝えられた物語を新たに表現し直しつつ、編集的にこの段落全体を構成したのであろう。なお、二三節のイザヤ書の旧約預言はマタイ自身が挿入したものと考えられる。

イエス誕生の背景

この段落は「イエス・キリストの誕生は次のようであった」（一八節）という一文によって始められるが、冒頭の表題（マタ一・一）に出て来た「ゲネシス」がここでは明らかに「誕生」の意味で用いられている。「母マリアはヨセフと婚約していた」とあるが、当時のユダヤ社会では「婚約」は実質的に「結婚」を意味し、法的には実際の夫婦と同様の資格が認められ、また婚約を解消するには離縁状が必要とされた。この点は一九節の「夫ヨセフ」、「離縁する」や二〇節の

「妻マリア」等の表現からも確認できるであろう。さて、このヨセフとマリアが一緒になる前に、すなわち婚礼を済ませて嫁が婿の家に移住する前に、マリアが聖霊によって身ごもっていることが明らかになった。「聖霊によって」（一八、二〇節）は神の主権行為によることを意味し（創一・二）、すでに直前の系図に示されていたように、この懐妊が人間の業によらない奇跡的懐胎であることがここでは前提にされている。

マリア懐妊の事実を知ったヨセフは非常に驚き、ジレンマに陥ったことであろう。そのときの彼には、実質的に二つの選択肢しか残されていなかった。一つは、律法に従ってこのことを公にして自らの義を表明するというものである。しかしそうすると、マリアは姦通罪によって石打ちの刑に処されるかもしれない（申二二・二〇以下）。もう一つは、マリアとひそかに離縁するという選択である。そうすれば、自らの義を表明することはできないが、マリアは死罪を免れることになる。結果的に、マリアを晒し者にすることを望まなかったヨセフは後者を選択し、ひそかに彼女と離縁しようとする（一九節）。ただし、「ひそかに」といっても、周囲の人々も彼らの婚約については当然知っていただろうから、周囲に気づかれないようにという意味ではなく、裁判等に訴えて公にせずに、という意味であろう。また、ヨセフのこの判断に関して、「ヨセフは義しい人であり」と彼の義しさが強調されているが、その意味でもここでの義しさは、単なる律法遵守の義ではなく、そのような律法的な義を越えた、マリアを恥辱に引き渡さないという優しさに裏付けられた義であり、ここには新しい律法理解が示されている。

因みに、カトリック教会の伝統的な解釈においては、ヨセフは天使の告知以前にマリアの懐胎が聖霊によることを知っており、そのように聖別されたマリアとの接触を恐れてヨセフは離縁を決意したと解されてきた。しかしながら、もしそうだとすると、聖霊によるマリアの懐胎について語る直後の天使による告知自体（二〇節）が意味不明になることからも、このような見解は受け入れにくい。

天使の誕生告知

さて、ヨセフがこのようなことを考えていたとき、主の天使が彼の夢の中に現れたという（二〇節）。聖書において「夢」はしばしば神の啓示の手段として用いられるが、旧約聖書には、夢を見て神から啓示を与えられたヨセフという同名の人物が登場する（創二八・一二、ダニ二・一参照）。そして、ヨセフの夢に現れた天使は、「ダビデの子ヨセフ」と語りかけ、マリアとの結婚に躊躇するヨセフに対し、恐れずにマリアを迎え入れるよう、すなわち彼女を正式に妻として迎えるように指示し、マリアが聖霊によって身ごもったことを明らかにする。さらに天使は、マリアの男児出産を予告し、その子にイエスと名付けるように指示する。当時のユダヤ社会においては、命名は本来、（養父を含め）父の権利と見なされていたが、その意味では、命名（認知）することによりヨセフは法的に父親になるということが示されていることになる。イエスという名は、前述したように（一五頁参照）、ヨシュアという名のギリシア語形であり、「主は救い」という意味をもっているが、まさにその直後の「彼こそは自分の民をその諸々の罪から救うからである」という天使の理由付けはその意味に対応している。ここでの「自分の民」は旧約の神の民、すなわちイスラエルの民を指しているのであろう。

預言の成就

続いて、このイエス誕生の出来事について、このことが起こったのは、神が預言者を通して告げていたことが実現されるためであったと語られ、「見よ、おとめが身ごもって男の子を産み、〔人々は〕その名をインマヌエルと呼ぶ」とイザヤ書七章一四節の言葉が引用される（二二―二三節）。これは将来の出来事を予め定められていた必然的な出来事として記述する「成就引用」と言われるものであり、マタイ福音書に特徴的な形式である。このイザヤ書の箇所は元来、シリア・エフライム戦争に際してアハズ王に（ダビデの家に対して）語られた神の言葉であり、旧約本文においては「見よ、おとめが身ごもって男の子を産み、〔彼女は〕その名をインマヌエルと呼ぶ」となっており、マタイにおける引用句とは幾つかの点で異なっている。まず、冒頭部分の主語はいずれも「おとめ」と訳されているが、旧約聖書原典のイザヤ書七章一四節で用いられているヘブライ語の「アルマー」は若い女性一般を指す言葉であるのに対し、マタイ一章二三節で用いられているギリシア語の「パルテノス」は「パルテノン神殿」にも用いられている単語であり、「若い女性（未婚女性）」という意味ももつが、しばしば「処女」の意で用いられる。そして事実、二五節からも明らかなように、元来のイザヤ書における「若い女性」の意味とは異なり、マタイはこの語を「処女」の意味で理解していたと考えられる。もっとも、ルカの降誕物語においてもマリアはやはり「パルテノス」と表現されていることから（ルカ一・二七）、必ずしもマタイが改変したのではなく、すでに伝承の段階でマリアは処女と見なされていたのであろう。

さて、引用句の後半部については、イザヤ書原文における「〔彼女は〕その名をインマヌエルと呼ぶ」は、引用箇所では「〔人々は〕その名をインマヌエルと呼ぶ」となっており、大した違いではないが、動詞の主語が三人称単数から三人称複数に変えられている。そして、この引用句に続いて、このインマヌエルという名が「神は私たちと共に」を意味することが説明される。すなわち、誕生する神の御子イエスの本質が、インマヌエルという名称が示す「神は私たちと共に（おられる）」という点にあるというのである（イザ八・一〇参照）。興味深いことに、マタイ福音書は「私はいつもあなたがたと共にいる」というイエスの言葉によって締めくくられているが（マタ二八・二〇）、その意味では、マタイ福音書全体はこのインマヌエルのモチーフによって囲い込まれていることになる（マタ一七・一七、一八・二〇、二六・二九も参照）。

ヨセフの実行

さて、夢の中で天使の告知を受けたヨセフは、眠りから覚めると、天使の指示を忠実に遂行する（二四節）。すなわち、彼はマリアを正式に妻として迎え入れ、さらに生まれてきた子をイエスと命名した。また、彼はその男児が誕生するまでは、マリアと肉体関係をもたなかった（二五節）。この点については特に天使からの指示はなかったが、おそらくこの記述は、「処女」による男子出産を述べるイザヤの預言の成就という観点から理解できるであろう。因みに、マリアの（永遠の）処女性を強調し、ひいてはマリアを神格化しようとするカトリック教会の伝統的解釈においては、「誕生するまで」の「まで」を必ずしもそれ以降の状況の変化を示していないと解し、マリアはその後も夫ヨセフと性的交渉をもたなかった、すなわち永遠に処女であったという見解がとられてきた。しかしながら、マルコ六章三節においてイエスの兄弟に言及されていることが、このような理解に対する何よりもの反証となるであろう。

まとめの考察

この段落の主題は言うまでもなく「イエスの誕生」であるが、イエスの誕生そのものについては事実と結果について簡潔に報告されるのみで、その具体的状況については詳しく語られていない。むしろここで問題にされているのは、その誕生の背景であり、何より処女マリアが聖霊によって幼子イエスをみごもった点が強調されている。もっともマタイ自身は、旧約聖書からの引用句を除いて「処女マリア」には一切触れておらず、処女降誕を前提としているものの、必ずしもその点を強調しようとはしていない。むしろ、イエスが人間（ヨセフ）の子ではなく聖霊によって、すなわち神の力によって生まれたことのしるしとして「処女」マリアに言及しているのであろう。しかしその一方で、イエスの名がダビデの子孫ヨセフの直後に続く存在として系図に記されていることからも伺えるように、マタイはイエスがダビデの子であることも強調している。

周辺世界においても、神と人間の女性から神の子が生まれる旨の神話や偉大な人物が父親なしに生まれたという伝説等が数多く存在していたが、特別な人物が人間によってではなく神の業によって誕生したことを強調するという意味においては、マタイの物語もこれらの伝承と軌を一にしていると言えよう。

この段落におけるもう一つの重要な主題はインマヌエルとしてのイエスである。すなわち、ここでイエスは単なる過去の人物としてではなく、現在の教会を担う存在として捉えられ、世の終わりまで教会と「共にある」存在であること（マタ二八・二〇）が強調されている。

三　占星術の学者たちの来訪（マタイ二・一―一二）

ここからマタイ福音書の降誕物語は後半部に入る。この後半部（マタイ二章）の内容は、ここまでの前半部（マタイ一章）の内容からははっきりと区別されているが、それでも、直前の段落（マタイ一・一八―二五）とこのマタイ二章全体は、①「夢」（同一・二〇／二・一二、一三、一九）、「主の天使」（同一・二〇、二四／二・一三、一九）、「神の民」（同一・二一／二・六）等の共通の概念が用いられている点、②物語の展開においてヨセフが主導的役割を果たしている点、③成就引用が用いられている点（一・二二―二三／二・五―六、一五、一七―一八、二三）、そして④ヨセフ物語やモーセ物語等の旧約聖書の内容と密接に関わっている点において結びついている。

以上の点を念頭において、まずは「三人の博士の物語」としてよく知られている「占星術の学者たちの来訪」のテキストに目を向けていこう。

1 さて、イエスがヘロデ王の治世にユダヤのベツレヘムで生まれたとき、見よ、占星術
の学者たちが東方からエルサレムに来て、2 言った。「お生まれになったユダヤ人の王は、
どこにおられますか。私たちはその方の星が昇っていくのを見たので、その方を拝みに来
たのです」。3 すると、〔これを〕聞いてヘロデ王は動揺し、そして全エルサレム〔の人々〕
も彼と共に〔動揺した〕。4 そこで、彼（王）は民の祭司長たちや律法学者たちを皆招集し
て、メシアはどこに生まれるのかと彼らに問いただした。5 そこで彼らは彼に言った。「ユ
ダヤのベツレヘムです。預言者によってこのように記されているからです。6 『そしてお
前、ユダの地、ベツレヘムよ、お前はユダの指導者たちの中で決して一番小さなものではな
い。お前〔の中〕から一人の指導者が現れ、彼は私の民イスラエルを牧するようになるのだ
から』」。

7 そこで、ヘロデは占星術の学者たちをひそかに呼び寄せ、星の現れた時期を彼らから詳しく聞いた。8 そして、こう言って彼らをベツレヘムへ送り出した。「行って、その幼子のことを詳しく調べ、そして見つけたら私に知らせてくれ。私も行ってそれ（その幼子）を拝もう」。9 そこで、彼らは王〔の言葉〕を聞いて出かけた。すると見よ、彼らが昇っていくのを見た星が彼らを先導して進み、その幼子のいる場所の上に来て止まった。10 彼ら（学者たち）はその星を見て喜びにあふれた。11 そして彼らは家に入って行き、その幼子がその母マリアと共にいるのを見た。彼らはひれ伏してそれ（幼子）を拝み、彼らの宝の箱を開けて、黄金、乳香、没薬を贈り物として彼に献げた。12 そして、彼らはヘロデのところへ戻らないように夢でお告げを受けたので、別の道を通って自分たちの国へ帰って行った。

テキストの構成と起源

この段落は、内容的に以下のように三つの部分に区分することができるが、これら三つの部分は「（ひれ伏して）拝む」（プロスキュネオー）という動詞によって相互に結びついている（二、八、一一節）。

①導入部　新しい王についての学者たちの問い（一―二節）

②ヘロデの反応と新しい王についての問い（三―八節）

③真のユダヤの王との出会い（九―一二節）

このテキストの資料や起源については明らかになっていないが、本文中に比較的多くのマタイ的用法・語彙が確認されることから、マタイが口伝資料（伝承断片）を編集的に構成し、文書化したものと考えられる。なお、この占星術の学者たちの物語と、旧約聖書の民数記二二―二四章に記されているバラムのエピソードとの関連性がしばしば指摘されている。この物語は、イスラエルを率いて約束の地カナンに向かっていたモーセを殺害しようとしたモアブの王バラクが、東からバラムという先見者（幻視者、魔術師）を呼び出すが、バラムは王の意図に反して、イスラエルから生まれるヤコブの星（＝ダビデ）が多くの国を支配するというイスラエルの将来にとって好意的な幻を見るという逸話である。この物語におけるバラクとバラムは、降誕物語におけるヘロデと占星術の学者たちに対応し、ヤコブの星は占星術の学者たちを導いた星に対応すると見なしうるが、その意味でも、このような話がこの占星術の学者たちの物語の背景にあった可能性は十分に考えられるであろう。

学者たちの問い

この物語は、「さて、イエスがヘロデ王の治世にユダヤのベツレヘムで生まれたとき」（一節）という、救い主誕生の出来事の時と場所を示す文章で始まっているが、まさにこの導入句は、イエスの誕生と命名について述べられた直前の段落（マタ一・一八―二五）からこの段落への移行句として機能している。ここに出てくる「ヘロデ王」は、紀元前三七年から前四年までユダヤを支配したヘロデ大王のことである。彼は非常に残忍で凶暴な王として知られているが、生粋のユダヤ人ではなく、イドマヤ出身の半異教徒であったため、ユダヤの民からは真のユダヤの王とは認められていなかった。ルカ福音書の降誕物語においても、イエスの誕生は「ユダヤの王ヘロデの時代」であったと明記されており（ルカ一・五）、事実、これらの記述からイエスの生誕年は紀元前四年以前であったと考えられている。

また、イエスの生誕地とされるユダヤのベツレヘムは、ダビデの出身地であることから「ダビデの町」とも呼ばれ、直後の引用句（六節）にも示されているように、このベツレヘムから、ユダヤの王（メシア）が誕生すると考えられていた。いずれにせよ、マタイにおいては、ユダヤ人の王（マタ二七・一一、二九、三七参照）であるイエスはユダヤから出てユダヤで殺されるという理解があったようである。

さて、イエスが誕生したとき、占星術の学者たちが東方からエルサレムにやって来たという。「占星術の学者たち」と訳されているマゴイ（単数形＝マゴス）は、ペルシャの祭司階級に属し、魔術師、占星術師等の学者集団を形成していた異邦人世界の精神的エリートであったと考えられる。占星術や魔術は、当時のヘレニズム世界においては受け入れられていたが、ユダヤ社会においては明らかに否定的に捉えられており（申一八・九―一四参照）、魔術師は偽預言者と見なされていた（使一三・六参照）。もっとも、この物語においては、彼らはイエスの誕生を待望する敬虔な人物として肯定的に描かれている。

エルサレムを訪れた彼らは、ユダヤ人の王として生まれた方はどこにおられるのかと、新しいユダヤ人の王の所在について尋ねている（二節）。占星術師である彼らは、その王の「星が昇っていくのを」（別訳「星を東方で」〔九節も同様〕）目撃したので、彼を拝むためにエルサレムにまでやって来たというのである。このような記述の背景には、それぞれの人は生まれながらに自分の星をもっており、その人が生まれると同時にその星も現われ、死ぬと同時にその星も消滅し、特に偉大な人物の誕生に際しては奇跡の星が現われ、特別な天体現象が起こるという当時の民間信仰があったようである。

ヘロデの反応

この占星術の学者たちの話を聞いて、ヘロデ王は動揺するが、エルサレムの人々も皆、彼と共に動揺したという（三節）。ヘロデが動揺するのはよく理解できる。彼が残忍な支配者であったことはすでに述べたが、特に晩年は、自分の王位が誰かに狙われているのではないかと疑心暗鬼になり、自分の子どもを含め、肉親を次々と殺害していったような人物である。自分の知らないところで「ユダヤ人の王」が生まれたと聞いて、内心穏やかであるはずがない。しかし、その一方で少々不可解なのは、歴史的にはこのヘロデ王と激しく対立していたとされるエルサレムの住民までもが彼と一緒になって動揺したと記されている点である。あるいは、「ユダヤ人の王」誕生の噂を聞いて、凶暴なヘロデがまた何をしでかすかわからないと、そのことを恐れて彼らは動揺したのだろうか。しかし、そのようなことを示唆する記述はここには見出されず、ただ単に、エルサレムの人々が「彼（＝ヘロデ）と共に」動揺したと記されていることからも、ここはやはり、「ユダヤ人の王」誕生の知らせに、エルサレムの住民もヘロデに同調して、彼と同様に否定的な反応を示したと素直に読み取るべきであろう。事実、マタイにとって、エルサレムの町はイエス殺害の町であり、エルサレムの人々はイエスの敵対者として描かれている（マタ二一・一〇、二七・二五参照）。その意味では、彼らが将来、イエスに拒絶的な態度をとることが、すでにここで暗示されているとも見なしうるであろう。

さて、不安になったヘロデは、祭司長、律法学者たちを集めて、メシアの誕生地を聞き出そうとする（四節）。しかし、歴史的にはヘロデと律法学者たちとの関係も良好ではなかったようであり、さらにここでは「民の祭司長たちや律法学者たち」というように、ユダヤの民と祭司長、律法学者たちの親密さを暗示するような表現になっているが、この点も歴史的実情からはかけ離れていたようである。その意味でも、マタイは歴史的な状況にはあまり頓着せず、救い主誕生の知らせに肯定的な反応を示した異邦人の占星術の学者たちとはまさに対照的に、ヘロデ王、祭司長と律法学者、そしてすべてのエルサレムの住民が一体となって、その知らせに否定的な反応を示したという点を強調しようとしているのであろう。

さて、ユダヤの王の生誕地に関するヘロデの問いに対し、祭司長たちは「ユダヤのベツレヘムです」と答え（五節）、預言書のミカ書五章一節（サム下五・二も参照）を引用するが（六節）、ミカ書の原文にはこのように記されている。

そしてお前、エフラタのベツレヘムよ。
お前はユダの氏族の中でいと小さき者。
お前の中から、私のために
イスラエルを治める者が出る。（ミカ五・一）

ここには、ベツレヘムに理想の王が出現することを待望する言葉が記されており、マタイ福音書の本文をこれと比較してみると、ベツレヘムの古名である「エフラタ」が「ユダヤ」に変えられ、さらには、「いと小さき者」が「決して一番小さな者ではない」というように逆の意味に変えられていることに気づかされる。後者の変更の理由は明らかではないが、そこには、すでに冒頭の系図で示されていた、「小さな者」を重んじるマタイの視点が反映されているのかもしれない。

メシアの誕生地を確認したヘロデは、占星術の学者たちをひそかに呼び寄せて、彼らにその星が現れた時期を確認するが（七節）、これは明らかに、その幼子誕生の時期を推定するためであり、後出の二歳以下の男児殺害の記述（マタ二・一六）の伏線になっている。なぜ「ひそかに」（一・一九参照）呼び寄せる必要があったのかという点は明らかではないが、このような描写によって、常に悪事を企もうとするヘロデの狡猾さや心の闇がより一層強調されている。さらにヘロデは、その幼子のことを詳しく調べ、見つかったら、自分も拝みに行きたいから知らせるようにと占星術の学者たちに指示して彼らをベツレヘムに送り出すが（八節）、もちろん彼の目的は、幼子を拝むことではなく殺害することにあった。

真のユダヤの王

ヘロデの言葉を聞いた占星術の学者たちはベツレヘムへと向かっていくが、彼らがかつて昇っていくのを目撃したその星が彼らを先導し、幼子のいる場所まで導いていった（九節）。彼らはその星を見て「喜びにあふれた」が（一〇節）、この箇所を直訳すると「甚だしく大きな喜びを非常に喜んだ」となり、その時の彼らの喜びが一通りのものでなかったことが示されている。いずれにせよ、このような彼らの態度は、救い主誕生の話を聞いて動揺したエルサレムの人々の態度とはまさに対照的である。

そして、彼らは家の中に入って、幼子と母マリアの姿を見出した（一一節）。興味深いことに、ここまでは主導的な役割を果たしてきたヨセフはここでは言及されておらず、このマタイの降誕物語においても、やはり真の主人公は幼子イエスとその母マリアだということが示されている。

学者たちはひれ伏して幼子を「拝む」（プロスキュネオー）が、マタイにおいてはこのギリシア語動詞はイエスに対してのみ用いられている（マタ八・二、九・一八、一四・三三、一五・二五、二八・九、一七）。さらに学者たちは、宝の箱を開けて、幼子に黄金、乳香、没薬の贈り物を幼子にささげる（創四三・一一、イザ六〇・六参照）。黄金については説明の必要はないが、乳香と没薬はいずれも高価な輸入品であり、乳香は乳香樹の樹脂からとった香料で、礼拝で使われ、防腐剤としても用いられた。また、没薬はミルラ樹の樹脂からとった芳香液で、聖油と見なされ、屍体の防腐剤としても用いられた。これらのものはその後、黄金は高貴さ（王）、乳香は神性（祭司）、没薬は死というように、それぞれ象徴的な意味でも理解されるようになった。

目的を果たした学者たちは、当初は幼子を訪問してからヘロデのところに立ち寄る予定であったが（七節参照）、ヘロデのところに戻らないようにとのお告げを夢で受けたため、彼のところには立ち寄らずに、来たときとは別の道を通って自分の国へと帰って行った（一二節）。このことは、ヘロデの意図が神の介入によって阻止されたことを示している。

まとめの考察

この占星術の学者たちの物語においては、当時のユダヤの王ヘロデと、救いの御子イエスが対照的に捉えられており、真のユダヤ人の王は現職のヘロデではなく、イエスであることが明らかにされている。また、この真のユダヤの王を最初に拝みに来たのは、ユダヤ人ではなく異邦人、しかも当時のユダヤ人にとっては極めて怪しげな存在であった占星術師たちであり、まさに、もっともふさわしくないと思われていた者たちが救い主の第一の発見者になったという状況が描き出されているが、この点は、先に触れた福音書冒頭の系図にいわくつきの四人の女性の名が記されていることに対応している。その一方で、王をはじめエルサレムの住民は彼を拒絶するが、このことは、キリスト教の福音が、やがてユダヤ民族の枠を越え、あらゆる人々に伝えられていくことを暗示している。そしてまた、救い主イエスを受容する異邦人と、拒絶するユダヤ人との対立的な構図は（図表①参照）、後のイエスの受難・復活物語を先取りし、暗示するものとなっている。

　最後に、この占星術の学者たちの「その後」について簡単に触れておこう。彼らは今日では「三人の博士」として知られているが、彼らが三人であったとは聖書のどこにも記されていない。この「三人」という数は、贈り物が三つであったことからそのように推定され、後に定着したのであろう。そして中世期になると、この三人の博士には様々な名前がつけられるように

図表①

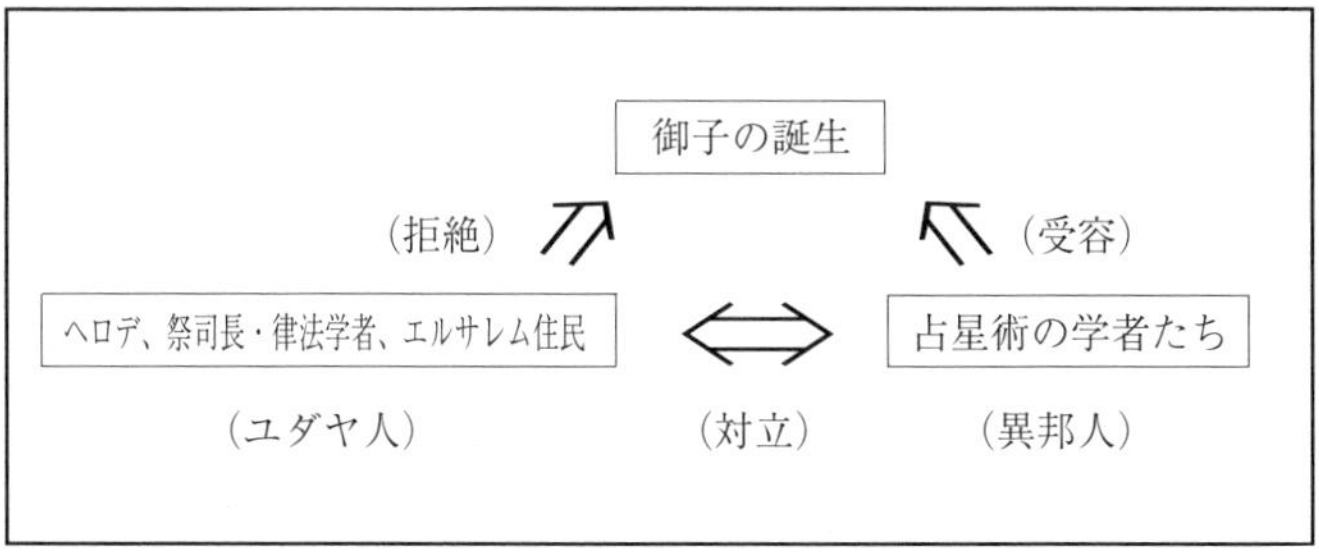

なり、カスパール（青年）、メルキオール（白髭の老人）、バルタサール（黒い肌の人物）の名で定着していった（もっとも三人の風貌については諸説あり）。中世以降、三人の博士は三人の王と見なされるようになり（イザ六〇・六、詩七二・一〇）、今日でも一月六日の公現日は「三王の祝日」としてヨーロッパ各地で祝われている。

四　エジプトへの逃避行とナザレへの移住（マタイ二・一三―二三）

さて、博士が去って行った後、幼子はどうなったのだろうか。以下、マタイの降誕物語を締めくくる最後の段落を見ていこう。

13 さて、彼ら〔占星術の学者たち〕が去って行くと、見よ、主の天使が夢でヨセフに現
れて言った。「起きて、幼子とその母を連れて、エジプトに逃れ、私が告げるまで、そこに
〔留まって〕いなさい。ヘロデが、その幼子を捜し出して殺そうとしているからである」。14
そこで彼〔ヨセフ〕は起きて、夜のうちに幼子とその母を連れて、エジプトへ去り、15 へ
ロデが死ぬまでそこに〔留まって〕いた。それは、「私はエジプトから私の息子を呼んだ」
と、預言者を通して主によって言われていたことが成就されるためであった。
16 さて、ヘロデは占星術の学者たちにだまされたと知って、激しく憤った。そして、〔人

を」遣わし、学者たちから詳しく聞いた時期に基づいて、ベツレヘムとその周辺一帯にいた
二歳とそれ以下の男の子をすべて殺害した。17 こうして、預言者エレミヤを通して言われ
ていたことが成就された。18「ラマで声が聞かれた。激しい泣き叫びと嘆きの声。ラケルは
自分の子どもたちのことで泣き、慰めてもらおうともしない、彼らはもういないのだから」。
19 さて、ヘロデが死ぬと、見よ、主の天使が夢でエジプトにいるヨセフに現れて 20 言っ
た。「起きて、幼子とその母を連れて、イスラエルの地に行きなさい。この幼子の命をね
らっていた人たちは死んでしまったからである」。21 そこで彼（ヨセフ）は起きて、幼子
とその母を連れて、イスラエルの地に入った。22 しかし彼は、アルケラオが父ヘロデに代
わってユダヤを支配していると聞き、そこに行くことを恐れた。ところが、彼は夢でお告げ
を受けたので、ガリラヤ地方に立ち去り、23 行って、ナザレと言われる町に住んだ。「彼は
ナザレ人と呼ばれる」と、預言者たちを通して言われていたことが成就されるためであっ
た。

テキストの構成と起源

この段落は、次頁の図表②に示したように三つの部分に明確に区分され、三幕からなる一連のドラマと見なすことができる。

何より注目すべきことに、これら三つの小段落はいずれも、まず告知（知らせ）とそれに対す

る反応について語られ、最後に旧約聖書からの成就引用によって結ばれるという共通の筋と構造をもっている。特に最初と最後の小段落については、二二節を度外視すると、［天使の指示↓ヨセフの実行↓成就引用］というように構造が完全に一致しており、用いられている文体や語句も酷似している（聖書本文の傍線部参照）。その意味でも、この段落全体は、ヘロデの幼児殺害について述べた真ん中の小段落を中心として、それをエジプトへの逃避行とそこからの帰還について同様の形式で述べた最初と最後の小段落が囲い込む形で構成されており、図表②からも明らかなように明確なサンドイッチ構造をとっている。

この段落の資料と編集については、ここまで扱ってきたマタイ一章一八節―二章一二節の部分と密接に関連していることに加えて、多くのマタイ的な語彙が確認できることから、テキストの編集にマタイが大きく関与していることは間違いない。おそらく、口伝で伝えられた物語伝承をマタイが文書化したのであろう。また、二段階の移動について記すことにより文脈を乱している二二節については、マタイ四章一二―一三節との関連が指摘されているが、おそらくマタイがガリラ

図表②

	主　題	構成
1	エジプトへの逃避行（13-15節）	天使の指示→ヨセフの実行→成就引用（ホセ 11:1）
2	ヘロデの幼児殺害（16-18節）	学者たち帰還の知らせ→ヘロデの怒り→成就引用（エレ 31:15）
3	イスラエルへの帰還（19-23節）	天使の指示→ヨセフの実行→成就引用（引用箇所不詳）

ヤを強調するために付加したのであろう。

なお、王子の迫害と保護については、古代の物語に多くの並行例が見られる。特に重要なのは、王によるヘブライ人男児殺害命令とモーセの誕生（出一章）に関する伝承であり、古代ユダヤの歴史家として有名なヨセフスの著作には、エジプト人を滅ぼすヘブライ人男児誕生の予告、王によるヘブライ人男児殺害命令、モーセの父アムラムの夢における神による男児誕生の告知について言及されている（ヨセフス『ユダヤ古代誌』Ⅱ二〇五―二一五）。

エジプトへの逃避行

さて、占星術の学者たちの帰還した後、天使が再びヨセフの夢の中に現われて、妻と子を連れてエジプトに避難し、そこにしばらく留まっているように指示した（一三節）。ここには「妻と子」ではなく、「幼子とその母」（一三、二〇節）という表現が用いられており、ここにもこの物語の真の主人公が誰であるかが示されている。天使はさらに続けて、後出のヘロデによる幼児殺害命令（一六節）を先取りして、「ヘロデが、その幼子を捜し出して殺そうとしている」とエジプトへの避難を指示する理由を述べている。

これを聞いてヨセフは、天使の言葉をまったく疑うことなく、指示された通りに即座に行動する（一四節）。すなわち、彼はすぐに起きてエジプトに赴き、ヘロデが死ぬまで、しばらくその地に留まった。そしてこれに続いて、このことが起きたのは、「私はエジプトから私の息子を呼んだ」という預言者の言葉が実現するためであったとする「成就引用」が記される（一五節）。これは、神の愛を主題とするホセア書一一章一節からの引用であるが、ホセア書の原文では「私はエジプトから彼を私の子どもとして呼び出した」となっており、一部改変されていることに気づかされる。ホセア書における「彼」はイスラエルの民のことであるが、マタイのテキストにおける「私の息子」は明らかにイエスを指している。その意味でも、マタイにとってはイエスは初めから「神の子」であり、それと同時にイスラエルを体現する存在なのである。さらにホセア書では、モーセによるイスラエルの民の出エジプトの出来事が念頭におかれているが、これに対してマタイの方は、ヨセフ一家のエジプトへの脱出について述べられている。その意味では、かつては災いの場所であった異郷の地がここでは避難場所になり、かつて憩いの地であったダビデの町がここでは災いの町と化しており、状況が逆転している。

ヘロデの幼児殺害

一方、占星術の学者たちからの幼子に関する報告を待っていたヘロデは、彼らが彼の指示に従わず、自分たちの国に帰って行ったことを知り（マタ二・一二参照）、だまされたと思い、激怒する（一六節）。そこで彼は、ベツレヘム及びその周辺の二歳以下のすべての男児を殺害させる。この二歳以下という年齢は、「学者たちから詳しく聞いた時期に基づいて」と記されていることからも、以前、学者たちから聞いていたイエス誕生の時期（七節参照）より逆算して設定されたのであろう。おそらくヘロデは、その幼子を確実に殺害するために、ある程度幅をもってこの年齢の上限を設定したと想像できるが、その点を勘案しても、幼子とその両親は比較的長期間エジプトに滞在していたことになる。もっとも、このヘロデによる幼児殺害事件は歴史的には確認されておらず、その史実性については疑問視されている。もちろん、自分の息子や肉親を平気で殺害する残忍なヘロデの性格から想像して、それくらいのことはやり兼ねなかったとも考えられるが、おそらくマタイにとっては、史実そのものはあまり重要ではなく、むしろ彼の頭の中には、出エジプト記に記されているエジプト王ファラオによるヘブライ人男児殺害のエピソードがあったのだろう（出一・一五以下）。そこでは、幼児モーセは奇跡的に危機を回避する様子が描かれているが、ここでは、これに対応する形で、幼子イエスが奇跡的に難を逃れる様子について記されている。

さて、次の一七節には、この事件を通して、預言者エレミヤを通して言われていたことが実現したと記されている。前回扱ったインマヌエル預言（マタ一・二二―二三参照）や直前の一五節及び直後の二三節の成就引用においては「成就されるためであった」という表現になっているのに対し、ここでは単に「成就された」とのみ記されている点に気づいた方もおられるかもしれない。このような表現の変化は、これも「成就引用」には違いないが、その悲惨な出来事は本来の神の意志（本意）ではなかったということを示唆しているのかもしれない。

さて、ここで引用されているエレミヤ書の本文はこのようになっている（一八節）。

主はこう言われる。「ラマで声が聞こえる。苦悩に満ちて嘆き、泣く声が。ラケルが自分の息子たちのゆえに泣いている。彼女は自分の息子たちのことで慰められるのを拒む。息子たちはもういないのだから」。（エレ三一・一五）

北イスラエル滅亡の際、イスラエルの人々はアッシリアに強制移住させられたが、その途上で彼らはラマを通過した（エレ四〇・一）。この言葉は、それらの人々に対するラケルの嘆きを表現している。ラケルは族長ヤコブの妻であり、イスラエルの民の母と見なされている女性である。「息子たち」はそれゆえ、亡国の北イスラエルの民を指しているが、これがマタイの引用箇所では「子どもたち」と表現され、ヘロデによって殺害されたイスラエルの男児を意味している。すなわちこの引用句では、北イスラエルの民の苦しみがベツレヘムの子らに対する悼みへと再解釈されているのである。そしてまた、このラケルの嘆きの引用は、そのようにイスラエルの子らを死に導くヘロデが真のユダヤ人の王ではありえないことを如実に示している。

ところで、この幼児殺害の場面においてしばしば問題にされるのが、救い主イエス誕生の陰にあって無数の幼い命が奪われた点である。その意味では、この救い主誕生のために、無数のベツレヘムの幼児が犠牲になったことになり、愛するわが子を奪われた母親はじめ、ベツレヘムの人々からすれば、とんでもない災難に遭わされたことになる。彼らからすれば、イエスは救いの御子であるどころか、多くの罪のない子どもたちを死に追いやった憎むべき疫病神ということになるであろう。その意味でも、神はなぜ、救い主誕生の出来事の陰で、多くの罪のない子どもたちを死なせたのか、当然、そのような疑問も出てくるところであろう。しかしながら、この物語から判断する限りでは、物語の語り手であるマタイにとっては、イエス誕生の故に多くの幼児が犠牲になったという点は特に問題にならなかったようであり、彼の関心はただ、この幼子が危機的な状況の中にあっても、神の恵みの内にあって難を逃れることができたというその一点にあったようである。

イスラエルへの帰還

ヘロデの幼児殺害について述べられた後、ここで再び、幼子とその家族に焦点が当てられる。このヘロデの死後、再びヨセフの夢の中に天使が現われ（一九節）、イスラエルの地に戻るようにと指示を与える。「命をねらっていた人たちは死んでしまった」ので、これ以上エジプトに留まる必要はなくなったというのである（二〇節）。ここでは「人たち」というように、イエスの命をねらっていた人物が複数形で表現されているが、これは前述したように、御子の誕生に否定的な態度を取ったのはヘロデ王だけではなく、エルサレムの律法学者や住民たちも彼に同調したことを示しているのかもしれない。そして、ここにも旧約聖書のモーセの物語との関連が認められ、モーセの場合は、殺人を犯したためにエジプトから逃亡して、しばらくミディアンの地に滞在していたが、やはり彼の命をねらっていた人々の死を神から伝えられ、エジプトに帰還している（出四・一九—二〇）。もちろん、エジプトからの帰還とエジプトへの帰還という違いはあるが、両者の対応関係は明らかであろう。

いずれにせよ、この段落におけるヘロデによる幼児殺害のエピソードの背景には、出エジプト記におけるファラオによる幼児殺害の記述があるが、事実モーセとイエスは、生後まもなく王の男児殺害命令から奇跡的に救出されて生きながらえた点、そして、エジプトから導き出された点において共通している。その意味では、イエスを第二のモーセとして捉えることもできるかもしれない。もっとも、両者の関係は必ずしも一貫して強調されているわけではなく、むしろ、多様な形で存在する類比の一つと見なすべきであろう。

さて、天使の言葉を聞いたヨセフは、ここでもその言葉に従順に従い、即座にマリアと幼子を連れてイスラエルの地へと旅立っていく（二一節）。しかしながら、ヘロデの息子のアルケラオという人物が父親の跡を継いでユダヤを支配していると聞いて、彼らはそこに行くのを恐れたという（二二節）。しかし、再び夢の中でお告げがあったので、彼らはガリラヤ地方に退いて、結果的にナザレの町に居住することになった。そしてこのことは、「彼はナザレの人と呼ばれる」という預言者たちを通して言われていたことが成就するためであったと述べられる。

ここに出てくるアルケラオは、紀元前四年に父ヘロデが亡くなった後、ユダヤ、サマリア地域を支配したが、過激な統治を行ったために十年後の紀元六年に退位させられた人物であり、その意味では、ヨセフたちが彼を恐れたのも無理はないと考えられるかもしれない。しかし、実際には、ガリラヤ地方にしてもやはりヘロデの息子であるヘロデ・アンティパスが治めていたのであるから、この理由はあまり説得的ではないようにも思える。その意味でも、マタイの関心はただ、イエスがナザレで育ったことを示す点にあったのだろう。事実この段落には、もともとベツレヘムに居住していたヨセフとマリアが、幼子誕生の後、一時的にエジプトに逃れ、その後帰還し、最終的にガリラヤのナザレに落ち着いた経緯が記されているが、特に最後のナザレへの移住に関する記述は不自然な付け足しのように感じられ、さらには、「彼はナザレの人と呼ばれる」という典拠不明の成就引用で結ばれている点も単なるこじつけのようにも思える。前述したように、イエスはベツレヘムで生まれ、ナザレで育ったと見なす点において二つの福音書の記述は一致しているが、前提とされているその前後の状況は明らかに異なっている。その意味でも、おそらく双方の降誕物語が形成されていく時点においてすでに、イエスの誕生地ベツレヘムと出身地ナザレについては確固とした伝承が存在しており、その伝承との関連において、マタイにおけるこのナザレ移住の記述も構成されていったと見なすべきであろう。

この「ナザレ人」という名称であるが、「ナザレから何か善いものが出るだろうか」（ヨハ一・四六）という記述からも伺えるように、総じて否定的なイメージで受け取られていたようであるが、その一方で、このマタイ福音書とは特に関係が深かったと見なされるシリア地方においては、これはキリスト教徒の呼称として用いられていた。さらに、この「ナザレ人」という名称と

「ナジル人」（士一三・五）との関連も指摘されている。「ナジル人」とは、特別な誓願によって神にささげられ、聖別された人を指しており、誓願継続中は酒を断ち、頭髪を刈らず、死体に触れなかった（民六・一―二一）。例としては、サムエル、サムソンらが挙げられるが、実際に、「ナザレ人」と「ナジル人」の間に直接的な関係があったのかもしれない。

まとめの考察

ヨセフ一家のエジプトへの逃避行とナザレ移住について記されたこの段落全体は、ヨセフの夢の中での天使のお告げと成就引用によって枠付けられている印象が強いが、その意味でも、まさに神の計画のもとに物語が展開していき、その結果、ヘロデの陰謀が阻止される様子が描かれている。事実、ヨセフ一家のエジプトへの逃亡、ヘロデによる幼児殺害、ヨセフ一家のナザレへの移住という一連の出来事は、神の救いの計画が実現していく状況を物語っている。そしてまた、最終的なイエスのナザレ帰還は、新たな出エジプト（救い）を示唆すると共に、「ナザレ人イエス」の名称を根拠づけている。

結び　マタイの降誕物語の中心的主題

ここまでマタイの降誕物語を読み進めてきたが、最後にその中心的主題を以下の三つの点にまとめておきたい。

一　マタイの降誕物語においては「イエスとは何者か?」という問いが最大のテーマとなっており、まさにこの問いに答えることにこの物語の最大の目的がある。そして、この問いに対しては、さしあたり二つの答えが提示されている。第一に、冒頭の系図において示されていたように、イエスは「アブラハムの子、ダビデの子」であり、イスラエルに救いをもたらす真のユダヤ人の王である。その意味で、アブラハム、ダビデの血統である父ヨセフが、ここではイエスの養父として重要な役割を果たしている。そして第二に、イエスは実際には、ユダヤの系図には収まらない、聖霊によって処女マリアから誕生した「神の子」であり、その意味で、あらゆる民の救いを導くインマヌエルとして描かれている。一方では、イスラエルの血筋をひく「人間の子」であり、他方では、そのような血統を完全に凌駕する「神の子」。本来、これら二つの概念は相互に対立しており、双方の特質を兼ね備えることは論理的に不可能である。しかしマタイは、これら二つの特質を同時に強調し、イエスが双方の特質を兼ね備えた存在であることを描き出そうとしている。

二　この物語においては、神の計画のもとにストーリーが展開している。そして、ヨセフや占星術の学者たちのように神の意志に従順に従おうとする人々がいる一方で、ヘロデやエルサレムの人々等、多くの人々はそれに逆らおうとする。しかし、そのような抵抗に遭いながらも、神によって計画されていたことが一つずつ実現していく様子がここには描かれている。そのような意味でも、この物語においてはイエスの誕生という出来事が旧約預言の成就として捉えられている。そしてこの点はまた、この物語の中に多くの旧約的要素が取り入れられていることからも確かめられる。例えば、この物語における登場人物と旧約聖書の登場人物の間には様々な類比が認められる。イエスの父ヨセフは、夢の中で啓示を受ける点において旧約聖書における同名のヨセフと並行しており、王の迫害を逃れて国外へと脱出する点ではモーセとも並行している。また、すでに触れたように、幼子イエスは王による幼児殺害の危機をからくも免れたという点では旧約聖書における幼子モーセと共通しており、さらに、モーセの後継者となるヨシュア（＝イエス）と名前が一致している。

三　この物語においてはまた福音の普遍性が強調されている。事実、冒頭の系図は、異邦人の名にも言及することによりユダヤの枠を克服している。さらに、ユダヤ人が拒絶した救いの御子の誕生を異邦人である占星術の学者たちが受容したという記述は、その御子による福音宣教がユダヤの枠を越えて広がっていくことを示唆している（マタ二八・一九―二〇参照）。

ここに挙げた三つの主題（イエスの本性に関する問い、旧約預言の成就としてのイエスの誕生、福音の普遍性）は、これ以降のマタイ福音書の記述において改めて展開されていくことになるが、その意味でもこの降誕物語は、マタイ福音書全体における序章としての機能を果たしていると結論づけられる。

第二章　ルカの降誕物語

マタイの降誕物語に引き続いてルカ福音書の降誕物語を読み進めていこう。すでに触れたように、新約聖書に含まれるマタイとルカの二つの降誕物語は、イエスの降誕という共通の主題を扱っているが、物語の内容は明らかに異なっている。ここでは両者の相違点にも注目しつつ、ルカの物語を読み解いていきたい。

さて、ルカ福音書の著者ルカは、福音書冒頭の序文において、イエス・キリストの出来事について詳しく調べた上で「順序正しく」書き記す意向を明らかにしているが（ルカ一・三）、まさにその言葉通りに、彼は自らの福音書の記述を――マタイと同様――イエス誕生の物語から書き始めている。ルカの降誕物語（ルカ一・五―二・四〇）は、前後の文脈から明らかに区分され、独立した一単位を構成しており、将来のイエスの働きを暗示すると共に、三章以降の記述を導入する機能を果たしている。また、この箇所全体が統一的に構成されていることは、この物語が、神殿における場面で始まり（ルカ一・五）、神殿における場面で結ばれている（ルカ二・二二―

三九）ことにも示されている。このルカの降誕物語の構成は以下のようになっている。

一　ヨハネの誕生告知（ルカ一・五―二五）
二　イエスの誕生告知（ルカ一・二六―三八）
三　マリアとエリサベトの出会い（ルカ一・三九―五六）
四　ヨハネの誕生（ルカ一・五七―八〇）
五　イエスの誕生（ルカ二・一―二一）
六　イエスの神殿奉献（ルカ二・二二―四〇）

ここからも明らかなように、ルカはイエスの誕生と洗礼者ヨハネの誕生を並列させて記述しており、両者の誕生の出来事が交互に折り重なるように描かれている。事実、この物語全体は両者の誕生告知（一、二）と誕生の記述（四、五）を軸に構成されており、また、その誕生告知と誕生の記述の間に挟まれた、両者の母親の出会いについて語るエピソード（三）は、双方の誕生告知と誕生の記述を結びつけると共にヨハネとイエスを関連づける機能を果たしている。さらに、両者の誕生告知及び誕生の記述の間には、図表③に示されているように、個々の点に至るまで顕著な並行関係が確認できる。

図表③

<table>
<tr>
<td>Ⅰ．ヨハネの誕生告知（1:5-25）
・両親の紹介（5-7）
・天使の出現（8-11）
・ガザリアの不安（12）
・「恐れるな」との天使の言葉、男児誕生の告知と命名の指示（13）
・生まれる子の使命（14-17）
・ザカリアの反論とその理由（18）：「何によって私はそのことを知ることができるのでしょうか」
・天使の返答（19-20）
・エリサベトの反応（24-25）</td>
<td>Ⅱ．イエスの誕生告知（1:26-38）
・両親の紹介（26-27）
・天使の出現（28）
・マリアの不安（29）
・「恐れるな」との天使の言葉、男子誕生の告知と命名の指示（30-31）
・生まれる子の使命（32-33）
・マリアの反論とその理由（34）：「どうしてそのようなことがありえましょうか」
・天使の返答（35-37）
・マリアの反応（38）</td>
</tr>
<tr>
<td colspan="2">Ⅲ．マリアとエリサベトの出会い（1:39-56）
・二人の母親の出会い（39-41）
・エリサベトの祝福の言葉（42-45）
・マリアの賛歌（46-55）</td>
</tr>
<tr>
<td>Ⅳ．ヨハネの誕生（1:57-80）
・ヨハネの誕生（57）
・親族らの喜び（58）
・出来事への反応、出来事の伝播、聞いた人々が心に留める（65-66）
・幼子は８日目に割礼を受け、天使が命じたように命名（59-64）

・幼子の役割に関する予言的賛歌（67-79）
［＝ザカリアの賛歌］
・幼子の成長（80）</td>
<td>Ⅴ．イエスの誕生（2:1-21）
・イエスの誕生（6-7）
・羊飼いたちの喜び、賛美（20）
・出来事への反応、出来事の伝播、マリアが心に留める（17-19）
・幼子は８日目に割礼を受け、天使が命じたように命名（21）

Ⅵ．イエスの神殿奉献（2:22-40）
・幼子の役割に関する予言的賛歌（29-32）
［＝シメオンの賛歌］
・幼子の成長（40）</td>
</tr>
</table>

この物語の起源は明らかではない。すでに触れたように、マタイの降誕物語とは内容的に明らかに異なっており、両者間に依存関係を認めることはできない。そこでこのルカの降誕物語の起源について、以下の三つの可能性が考えられる。第一の可能性は、この物語の背後に単一の資料を想定しようとするものであるが、後述するように、ルカ一章と二章の間には明らかな矛盾点が確認できることからも、この見解は受け入れにくい。第二の可能性は、この物語を旧約章句に範をとったルカの書き下ろしと見なすものであるが、この箇所には非ルカ的な表現や思想的・神学的観点が多く認められることから、この見解も受け入れにくい。最も蓋然性が高いのは、口伝、成文にかかわらず、この物語の背後に複数の資料の存在を想定し、ルカはそれらの資料を用いてこの箇所を編集的に構成したとする第三の可能性であり、ここではこの説を前提にして考えていきたい。

降誕物語に用いられている個々の資料の範囲を厳密に確定することは難しいが、各段落の核となる部分は総じて伝承に遡ると想定できる。もっとも、ルカ二章は処女降誕を前提とする一章の内容を必ずしも踏まえていないように考えられることからも、ルカ一—二章の資料的背景は複雑である。以上の点を踏まえてテキストの具体的な内容に入っていきたい。

一　ヨハネの誕生告知（ルカ一・五―二五）

ルカの降誕物語は洗礼者ヨハネの誕生告知の場面から始まるが、この段落は直後のイエスの誕生告知へと導く序章として機能している。ヨハネの父ザカリアに対して男児誕生の告知がなされるのは神殿の聖所においてであるが、これはエルサレム及びその神殿を重視するルカの傾向と一致している。

5 ユダヤの王ヘロデの時代に、ザカリアという名のアビヤ組の祭司がいた。彼の妻はア
ロン家の女子孫で、その名をエリサベトといった。6 二人とも神の前に義しく、あらゆる
主の掟と義の定めにもとることなく歩んでいた。7 しかし、彼らには子どもがなかった。
エリサベトが不妊の女性であったためであり、そして二人ともすでに年老いていた。
8 さて、彼（ザカリア）の組が当番で、彼が神の前で祭司の務めを果たしていたとき、9
祭司職のしきたりに従ってくじを引いたところ、主の聖所に入って香をたく役目が彼に当
たった。10 そして香がたかれている間、大勢の民は皆、外で祈っていた。11 すると、主の
天使が彼に現れて香壇の右に立った。12 ザカリアはそれを見て動揺し、恐怖が彼を襲った。
13 すると、天使は彼に言った。「恐れるな、ザカリア。あなたの願いは聞き入れられたのだ
から。あなたの妻エリサベトはあなたに男の子を産む、その子をヨハネと名付けなさい。14

その子はあなたの喜びとなり、歓喜となり、多くの人もその誕生を喜ぶ。15 その子は主の
前に偉大な者となり、ぶどう酒や強い酒を飲まず、すでに彼の母の胎内にいるときから聖霊
に満たされており、16 多くのイスラエルの子らを主なる彼らの神のもとに立ち帰らせるか
らである。17 彼はエリヤの霊と力で彼（主）の前に先立って行き、父たちの心を子らに立
ち帰らせ、逆らう者たちを義しい人々の考えに至らせて、整えられた民を主のために準備す
る」。18 そこで、ザカリアは天使に言った。「何によって私はそのことを知ることができる
のでしょうか。私は老人ですし、私の妻も年老いておりますのに」。19 すると天使は彼に答
えて言った。「私はガブリエル、神の前に立つ者である。あなたに語りかけ、これらのこと
を福音としてあなたに告げ知らせるために遣わされたのである。20 そして見よ、あなたは
しゃべれなくなり、この事が起こる日まで話すことができなくなる。その時が来れば成就す
る私の言葉を信じなかったからである」。

21 さて、民はザカリアを待っており、彼が聖所の中で手間取っているのを不審に思って
いた。22 やがて彼は出て来たが、彼らに話すことができなかった。それで彼らは、彼が聖
所の中で幻を見たのだと悟った。また彼自身は彼らにうなずくだけで、口がきけないまま
だった。23 やがて彼の務めの期間が終わり、彼は自分の家に帰って行った。

24 その後、彼の妻エリサベトは身ごもり、五箇月の間身を隠していたが、このように
語っていた。25「主は、人々の間から私の恥を取り去ろうと目を留めてくださったその日

に、私にそのようにしてくださった」。

テキストの構成と起源

この段落は、天使がザカリアの前に現われてヨハネの誕生を告知する中心部分（八—二〇節）が、ザカリアとエリサベトに関する前後の記述（五—七節及び二一—二五節）によって枠付けられるという構成になっている。この箇所全体は以下のように区分できる。

①ザカリアとエリサベトの紹介（五—七節）
②天使の出現とザカリアの恐れ（八—一二節）
③天使によるヨハネ誕生告知（一三—一七節）
④ザカリアの反応と天使の答え（一八—二〇節）
⑤ザカリアの神殿退出と帰宅（二一—二三節）
⑥エリサベトの懐妊（二四—二五節）

この段落はユダヤ教社会の慣習に関する知識を前提とすると共に旧約聖書の定型句を多く含んでおり、さらにキリスト教的特質が特に強調されていないことから、全体としてパレスチナ地域で成立したものと考えられる。天使による誕生告知の記述は旧約聖書にも頻出し、それらは通常、①天使の出現、②天使と対面した者の恐れ、③天使からの「恐れるな」との言葉と使信、④反論（拒絶やしるしの求め）、⑤しるしの提供もしくは保証、という五つの要素から構成されているが（創一六・七―一三［イシュマエル］、創一七・一―二一、一八・一―一五［イサク］、士一三・三―二〇［サムソン］等を参照）、ヨハネとイエスの誕生告知物語も同様の構造をもっている。

このヨハネの誕生告知物語は、おそらく元来は、後続のルカ一章五七節以下のヨハネの誕生の記述と直接結びついていたと考えられ、パレスチナの洗礼者教団に遡ると想定されている。もっとも、ルカ的表現を多く含む冒頭の五―七節及び後続の段落に接合する末尾の二四―二五節に関しては、編集の手が加えられている可能性が高い。おそらくルカは、洗礼者ヨハネに関する伝承をもとに、それを自らの視点から部分的に編集していくことによりこの箇所全体を構成したのであろう。

ザカリアとエリサベトの紹介

以上の点を念頭において、物語の具体的な内容に入っていこう。この物語ではまず、ヨハネ（及びイエス）の誕生の出来事がユダヤのヘロデ王の時代（紀元前三七～前四年）に起こったと一連の物語の歴史的状況が示され（マタ二・一参照）、次いで、このヨハネ誕生のエピソードにおいて中心的な役割を果たすザカリアとエリサベトの夫妻が紹介される（五―七節）。ザカリア

（「ヤハウェは覚えている」の意）はアビヤ組に属する祭司であり、妻のエリサベト（「神は誓いである」の意）は祭司の家系であるアロン家の女子孫であった。アビヤ組というのは、ダビデ王が制定したとされる計二四組からなるイスラエルの神殿祭司のグループの第八組に属し（代上二四章参照）、各組が年に二度、一週間ずつ交代で神殿祭儀の務めに従事していた。また、祭司が祭司の家系に属する女性を妻にすることは義務ではなかったが、それでも望ましいこととされていた（レビ二一・七、一四参照）。いずれにせよ、この夫妻が共に祭司の家系に属していたということは、洗礼者ヨハネが純粋な祭司の血を引く者であって、祭司職を継ぐために必要とされるあらゆる条件を満たしていたことを示している。

このような両者の家系に関する記述からも当然期待されるように、夫妻共に敬虔な人物として描かれており、彼らは神の前に「義しく」（ルカ一・一七、二・二五参照）、神の掟を完全に守っていた。しかし、エリサベトは不妊の女性であり、彼らには子どもがなかった。多くの子ども（特に男子）に恵まれることは、当時のユダヤ社会において特別な神の祝福のしると考えられていたが（創一・二八、詩一二八・三―六参照）、その一方で、子どもに恵まれないことはユダヤ人女性にとってはこの上ない「恥辱」を意味し（二五節参照）、それは呪い、神の裁きとさえ考えられていた（サム上一・五―六、イザ四・一参照）。そしてまた、この夫妻がすでに年老いていたという事実は、その恥を拭う機会が実質的に失われていたことを示している。これらの記述は、アブラハムと彼の不妊の妻サラのエピソードを思い起こさせるが（創一六―一八章参照）、事実、不妊の女性の懐妊は、アブラハムの妻サラに限らず、イサクの妻リベカ、ヤコブの妻ラケル、エルカナの妻ハンナ等に見られるように、旧約聖書の物語の重要なモチーフであり、このヨハネ誕生の出来事も、旧約聖書におけるそれらの記述と同様、神の特別の介入による奇跡として描かれている。

天使の出現とザカリアの恐れ

さて、ザカリアの属していたアビヤ組が神殿祭儀を執り行う当番に当たっていたとき、籤（くじ）によってザカリアが主の聖所で香をたく任務に就くことになった（八―九節）。籤で決めるというと、いい加減で適当なやり方のように思えるかもしれないが、当時のユダヤ教社会においては真っ当な方法であり、何より、人間の思いが介入する可能性を排し、神の意志に委ねるという意味をもっていた。例えば、ユダの裏切りにより十二弟子に欠員が生じたとき、弟子の補充が行われるが、その選任も籤によって行われている（使一・二六）。

このように、神殿祭儀の務めにあたる祭司たちは籤によって様々な奉仕の役割分担を決めていたが、犠牲の最後に主の聖所で香をたく務め（出三〇・七―八参照）は極めて重要視され、当時のパレスチナに約二万人いたとされる祭司の中で、この役に選ばれることは特に名誉なことと見なされていた。事実、この務めを一度経験した祭司は、それ以降は二度とこの籤に参加できず、その意味では、ザカリアにとってもこのような名誉な務めに従事するのは一世一代の貴重な機会であったに違いない。

さて、聖所の中で香がたかれている間、大勢の民の群れは戸外で、すなわち神殿の中庭で祈っていた（一〇節）。彼らは最後に祭司から祝福を受けるために彼が聖所から出てくるのを待っていたのである。ところが、ザカリアが香をたいていた時、主の天使が現れて香壇の右側に立ったので、それを見たザカリアは動揺し、大きな恐れに見舞われた（一一―一二節）。

天使によるヨハネ誕生告知

恐れを抱くザカリアに対して、天使はまず「恐れるな」と語りかけ、ザカリアの恐れを取り除こうとする（一三節）。「恐れるな」という表現は、旧約聖書に頻出するが（創一五・一、士六・二三、イザ四一・一四、四三・一、ダニ一〇・一二、一九他参照）、ルカ福音書にもしばしば用いられている（ルカ一・三〇、二・一〇、五・一〇、八・五〇、一二・七、三二参照）。続いて天使は、ザカリアの願いが神に聞き届けられ、彼の妻エリサベトが男児を出産することを予告し、その子にヨハネ（「ヤハウェは恵み深い」の意）と名付けるように指示する。一部の研究者は、ザカリアが年老いてからもなお、子どもが与えられることを真剣に願い求めていたとは考えにくく、ましてや彼が聖所の中でそのような個人的な祈りを唱えていたとは考えられないことから、ここではむしろ、イエスラエルの民の救いに関わるザカリアの願いのことが言われていると主張している。確かに、ヨハネがイスラエルの民を主のもとに立ち返らせる存在なら（一六節）、彼の誕生はその願いの成就を意味しうるとも考えられるが、願いが聞き届けられたと述べる天使の言葉の直後にヨハネ誕生の予告が続いていることからも、ここでのザカリアの願いは、やはり彼に子どもが与えられることを指していると解すべきであろう。なお、生まれてくる子の神による命名は、イシュマエル（創一六・一一）、イサク（創一七・一九）、インマヌエル（イザ七・一四）及びヨシヤ（王上一三・二）等の旧約聖書の先例に倣うものである。

次いで天使は、生まれてくるその幼子の将来の働きについて以下の三点を予告する。第一に、その子の誕生は、父親のザカリアにとって喜び、歓喜となるだけに留まらず、イエスの誕生の場合と同様（ルカ二・一〇）、多くの人々に喜びをもたらすことになる（一四節）。第二に、彼は神の前に偉大な者となる（ルカ一・三二、七・二八参照）。この「偉大な者」とはエリヤのような偉大な預言者を指していると考えられるが（ルカ七・一六参照）、具体的には、彼がぶどう酒等の酒類を飲まず（ルカ七・三三参照）、すでに母の胎にいるときから聖霊に満たされている点、そしてイスラエルの子らを神のもとに立ち帰らせる点（ルカ三・三参照）において示される（一五―一六節）。これらの記述は、臨在の幕屋に入る際に「ぶどう酒や強い酒」を飲むことを禁じる祭司の規定（レビ一〇・九）のみならず、「ぶどう酒や強い酒」を絶つことを求められたナジル人の誓願を思い起こさせる（民六・二―四参照）。事実、サムソンの母となるマノアの妻は、天使から男児誕生の告知を受けたとき、その子はナジル人として神に捧げられているので、「ぶどう酒や強い飲み物を飲まず、汚れた物も一切食べないように」（士一三・四、七）気をつけるように指示されている。ここから、ヨハネをナジル人との関連性が指摘されるが、ここでは、髪にかみそりを当てたり、死体に近づくことに対する禁令（民六・五―六）については触れられていないことからも、両者の関係を過大評価すべきではないであろう（五一―五二頁も参照）。

第三に、彼はエリヤの「霊と力」（ルカ一・三五、使一〇・三八参照）によって主に先立って行き、父たちの心を子らに立ち帰らせ、逆らう者たちを義しい人々の考えに至らせて、準備の出来た民を主のために用意する（ルカ三・四―六、イザ四〇・三参照）。この箇所はマラキ書三章との関わりが深く、マラキ書においても、預言者エリヤが主の日が来る前に遣わされ、「父たちの心を子らに、子らの心を父たちに向けさせ」（マラ三・二四）、民に主を迎える準備をさせ（同三・一）、そして、そのとき人々は、「義しい人と神に逆らう人……との区別を見る」（同三・一八）と記されている。

事実、当時の人々は、預言者エリヤが神に先立ってその到来を準備するために現れることを期待していたが（同三・二三参照）、ここでも元来の文脈においては、ヨハネは神に先立つ者として捉えられていたのであろう。これに対してルカは、元来の意味を踏まえつつも、ここに出てくる「主」をイエスの意味で捉え直し、ヨハネの誕生をイエスの誕生の直前に位置づけることにより、マルコやマタイほど明確にではないにしろ（マコ・一三／マタ一七・一二及びマタ一一・一四参照）、洗礼者ヨハネをイエスの道を準備するエリヤのイメージで描き出そうとしている

（ルカ一・七六―七七、三・四参照）。

なお、ここでの「父たち」と「子ら」の意味は明らかではないが、両者が後続の「逆らう者たち」と「義しい人々」と並行関係にあるとするなら、この「父たち」は、ルカ福音書六章二三節や使徒行伝七章五二節の「先祖」と同様、否定的な意味で解されることになる。一方で、これらの部分が後続の部分と交差配列的に構成されている可能性も否定できず、そうすると、むしろ「子ら」が「逆らう者」の意味で解されることになる。しかしながら、そのように、「父たち」と「子ら」のいずれか一方を肯定的に、他方を否定的に解する根拠は曖昧であり、むしろここではマラキ書三章二三節と同様、「父たち」と「子ら」の関係を相互的（双方向的）に理解し（ルカ一二・五三参照）、父子相互の関係が意味されていると見なすべきであろう。

ザカリアの反応と天使の答え

天使によってもたらされたこの男児誕生の告知を信じられないザカリアは、「何によって私はそのことを知ることが出来るのでしょうか」（一八節）と、その告知の内容を裏付けるしるしを天使に求めるが、この言葉は、神からの土地取得の約束に対してアブラハムが発した問いかけそのものである（創一五・八参照）。ザカリアはまた、その告知を受け入れられない理由として、自分も妻もすでに年老いている点を挙げる。

これに対して天使は、まずガブリエルという自分の名を明かすが（一九節）、ガブリエル（「神の人」の意）はユダヤの七大天使の一人とされ、ダニエル書においてはイスラエルに対する神の計画と命令の伝達者として登場している（ダ八・一六、九・二一参照）。次いで天使は、自分が喜ばしい知らせを伝えるために神から遣わされたことを告げる。そして、時が来れば成就する彼の言葉を受け入れなかったザカリアは、あたかもその不信仰に対する罰として、そのことが起るまで口がきけないようになると告げるが（二〇節、さらにルカ一・六四参照）、これがザカリアに与えられた「しるし」であった。

ザカリアの神殿退出と帰宅

一方、聖所の外で祈りつつ待っていた民の群れは、ザカリアがなかなか聖所から出て来ないのを不審に思っていた（二一節）。ザカリアはかなり時間がたってから漸く現れたが、しゃべることができなかった（二二節）。この様子を見た人々は彼が聖所の中で幻を見たことを悟ったが、口のきけないザカリアはうなずくだけで、聖所の中で起ったその幻の内容を明らかにすることはできなかった。このように、ザカリアが求めた天使による告知成就のしるしは、皮肉にも告知を受けたザカリアがそれを誰にも伝えられないという形で与えられたのである。

本来なら、ここで祭司は民に祝福を与えることになっていたが（民六・二四―二六参照）、しゃべることのできないザカリアには当然それが実行できなかった。そして、このように口が閉ざされたままの状態で、ザカリアは一週間の務めの期間を終えて自分の家に帰って行った（二三節)。

エリサベトの懐妊

その後、天使の告知通りにエリサベトは懐妊する。彼女は五箇月間身を隠すが(二四節)、その懐妊から六箇月後に、このエリサベト懐妊の事実が天使によってまずマリアに知らされることになる(ルカ一・三六)。それにしても、いったいなぜ、エリサベトは五箇月もの間、身を隠していたのだろうか。高齢での妊娠を恥じていたのだろうか。しかし、このような見解は、出産の喜びを語る直後の彼女の発言と明らかに矛盾しており、また仮にそうだとするなら、最後まで身を隠すはずであろう。そのような意味でも、この五箇月間の「引きこもり」は、ザカリアがしゃべれなくされたのと同様、彼女の懐妊の事実は誰にも知られず、天使の告知を通して初めてマリアにもたらされる(一・三六参照)という状況を作り出すための設定であろう。あるいは、そのような設定により、マリアがエリサベト懐妊の事実を知る術はなかったという点を強調し、マリアに対する天使の告知の信憑性を示そうとしているのかもしれない。そしてこの「不妊の女性」の懐妊は、マリアにとっては自分が男児を出産することの「しるし」としての意味をもつことになる。

さて、自分の妊娠を知ったエリサベトは、神が自分の「恥」を取り去って下さったと述べて(創三〇・二三参照)神を讃える(二五節)。この賛美は後出のマリアの賛歌(ルカ一・四六―

五五）に部分的に対応しており、両者とも「目を留め」られ（ルカ一・二五、四八）、幼子を授けられたことに対して神を賛美している。

まとめの考察

このように、ルカ福音書の本文は、エルサレムの神殿における天使ガブリエルによる洗礼者ヨハネの誕生告知から始められるが、このことは、福音書記者の中でも特にルカがこのヨハネを重視していたことを示している。また、このヨハネの誕生告知の記述は、旧約聖書における神や天使の出現形式に従っており、多くの旧約章句の引用や暗示を含んでいる。このことは、ヨハネの誕生が神の計画によっており、彼の使命が神からのものであることを示している。事実、不妊の高齢女性エリサベトの懐妊の出来事は、何よりその背後の神の働きを裏付けるものであり、その点は後述の処女マリアの懐妊も同様である。その意味でも、この誕生告知の場面は、何より神の介入によって始められる新しい時代の到来を指し示している。

二　イエスの誕生告知（ルカ一・二六―三八）

洗礼者ヨハネの誕生告知物語に続くイエスの誕生告知物語も、天使ガブリエルによる男児誕生の告知を主題としており、両者は多くの点で共通している。もっとも、告知がなされる場所や告知を受ける人物の立場や状況等、両者間には相違点も認められ、全体としてヨハネを凌駕するイエスの存在が浮き彫りにされている。

26―27 さて六箇月目に、天使ガブリエルはナザレという名のガリラヤの町に、ダビデ家出
身のヨセフという名の男性と婚約していたおとめのところに神から遣わされた。そのおと
めの名はマリアといった。28 そして彼（天使）は彼女のところに入って来て言った。「こん
にちは、恵まれた女性。主はあなたと共におられる」。29 しかし彼女はこの言葉に戸惑い、
いったいこの挨拶は何ごとかと思いめぐらした。30 すると天使は彼女に言った。「恐れる
な、マリア。あなたは神のもとで恵みを見出したのだから。31 そして見よ、あなたは身ご
もって男の子を産む。その子をイエスと名付けなさい。32 その子は偉大な者となり、至高
者の子と称せられる。また、主なる神は彼にその父祖ダビデの王座を与えられる。33 そし
て彼は永遠にヤコブの家を王として支配し、その王的支配は終わることがない」。34 そこで
マリアは天使に言った。「どうしてそのようなことがありえましょうか。私は男の人を知り
ませんのに」。35 すると天使は彼女に答えて言った。「聖霊があなたの上に臨み、至高者の
力があなたを覆う。だから生まれてくる子は聖なる者、神の子と称せられる。36 そして見
よ、あなたの親族のエリサベト、彼女もあの年齢で男の子を身ごもっている。不妊の女と
言われていた彼女であるが、もう六箇月になっている。37 神のもとではどんなことも不可

能ではないからである」。38 そこでマリアは言った。「ご覧ください。〔私は〕主のはしため〔です〕。あなたのお言葉通りに私に成りますように」。すると天使は彼女から離れ去った。

テキストの構成と起源

この箇所は、天使の誕生告知の言葉（三〇―三三節）を中心として、それがマリアと天使の対話（二八―二九節及び三四―三七節）によって囲い込まれ、さらに天使の出現（二六―二七節）と退去（三八節）に関する記述によって枠付けられるという構成になっている。この箇所全体は以下のように区分できる。

①序　天使ガブリエルのマリア訪問（二六―二七節）
②天使の挨拶とマリアの戸惑い（二八―二九節）
③天使によるイエス誕生告知（三〇―三三節）
④マリアの反応と天使の答え（三四―三七節）
⑤結び　マリアの従順と天使の退去（三八節）

すでに指摘したように、このイエスの誕生告知の物語は、その全体的な構成や用いられている表現等において、先行するヨハネの誕生予告の物語に対応しており、内容的にも密接に結びついている。しかしながら、両者間に直接的な依存関係はなく、両者の類似性は、いずれも全体的な枠組みにおいて旧約聖書の誕生告知物語のパターンに倣っていることに起因している。この物語そのものは、元来ヨハネの誕生告知の物語とは無関係で、独立した伝承であったと考えられ、ヘレニストのユダヤ人キリスト教において成立したものと想定される。一方、この段落の内、ヨハネの誕生告知との接合点を作り上げている冒頭の二六―二七節及びエリサベトに言及する末尾の三六―三七節は、全体としてルカが編集的に構成したのであろう。さらに、三〇―三三節の天使による受胎告知は処女性の観点からこれに当惑する三四節のマリアの言葉にスムーズにつながらず、また、ヘレニズム的色彩の濃い三五節の記述はダビデ王朝を継ぐ者によるイスラエルの統治について述べる三二―三三節と調和していないことから、三四―三五節もルカの編集句と見なし、三八節は元来三三節に直結していたとする見解も見られるが、この点は明らかではない。いずれにせよルカは、イエスの誕生告知に関する伝承をヨハネの誕生告知物語に適合させつつ、この箇所全体を編集的に構成したのであろう。

天使ガブリエルのマリア訪問

冒頭の「六箇月目に」という表現と前段に続いてのガブリエルの登場は、このイエス誕生告知の物語を先行する物語に結びつけている。すなわち、ヨハネ誕生の告知から六箇月目に、つまり、懐妊から「五箇月の間身を隠していた」(ルカ一・二四) エリサベトが人前に姿を現した直後に、天使ガブリエルは今度はガリラヤの町ナザレに神から遣わされる（二六―二七節）。

ガブリエルは今回は年若いおとめのところに遣わされるが、このおとめはダビデ家に属するヨセフという人物と婚約していた（マタ一・一八参照）。すでに指摘したように、「おとめ」と訳した「パルテノス」は処女のみならず若い女性も意味するが（二八―二九頁参照）、三四節からも明らかなように、ここでは前者の意味で用いられている。マリアとヨセフはこの時点ではまだ同居していなかったが、すでに触れたように（二五―二六頁参照）、当時のユダヤ社会においては婚約した男女は法的にはすでに実質的な夫婦と見なされていた。このルカの物語においても、ヨセフはダビデ家の出身とされるが（ルカ三・二三―三一参照）、このことはマリアの息子もダビデ家の血統に属していることを示している（三二節b参照）。

天使の挨拶とマリアの戸惑い

マリアのところにやって来た天使は、まず「こんにちは、恵まれた女性」と語りかける（二八節）。「こんにちは」と訳したギリシア語動詞「カイロー」の元来の意味が「喜ぶ」であることから新共同訳聖書等はこの箇所を「おめでとう」と訳しているが、この語はむしろ当時の一般的な挨拶の言葉である。因みに、多くのカトリックの注解者は、「娘シオン」に呼びかける類似表現がギリシア語七十人訳聖書に用いられていることから（ゼファ三・一四、ゼカ二・一四）、マリアを「シオンの娘」と同定し、この箇所を「喜べ」と訳している。

いずれにせよ、天使のこの最初の語りかけは、後続の「主はあなたと共におられる」(士六・一二、ルツ二・四、マタ一・二三参照)という言葉と共にマリアが神によって選ばれたことを強調している。これを聞いたマリアは戸惑うが(二九節)、それは天使の出現そのものに対してというよりはその尋常でない挨拶とその内容に対してであり、彼女はその使信の意味について考え込んだ。

天使によるイエス誕生告知

戸惑うマリアに対して天使は、ザカリアの場合と同様(ルカ一・一三b参照)、まず「恐れるな」と語りかけ、続いてその根拠として彼女が神から恵みを与えられたことを伝え、その具体的な内容を明らかにする(三〇—三一節)。すなわち、ザカリアの場合と同様、天使はマリアに対して彼女が男児を出産することを告知し、さらにその幼子にイエス(「主は救い」の意)と名付けるように指示するのである(マタ一・二一参照)。因みに、母親への命名の指示はイシュマエルの母ハガルに対してもなされており(創一六・一一)、サムソンやサムエルの母も自ら命名している(士一三・二四、サム上一・二〇)。

これに続いて、その生まれて来る幼子の将来の働きについて述べられる(三二—三三節)。この幼子もザカリアの息子ヨハネと同様、「偉大な者」になると予告されるが(ルカ一・一五節参照)、「主の前に偉大な者となる」と予告されたヨハネの場合とは異なり、ここでは限定なしに表現されており、彼の偉大さがヨハネのそれとは質的に異なっていることが示唆される。さらに、このマリアの子は「至高者の子」とも称せられ、神から父ダビデの王座を与えられ、ヤコブの家（創三二・二九参照）、つまりイスラエルの民を永遠に支配すると予告される。ここに出てくる「至高者」は神を指すヘレニズム的表現であり、神の称号としては新約聖書ではルカ文書にのみ見られる（ルカ一・三二、三五、七六、六・三五、使七・四八）。いずれにせよ、この幼子はダビデ家から出る待望のメシアであり、永遠に支配する存在なのである。このように、ヨハネとイエスは共に神の救済計画の中に位置づけられつつも、その計画の成就に際しての両者の役割の違いが明らかにされることにより、ヨハネに対するイエスの優位性が示されている。

マリアの反応と天使の答え

天使の誕生告知に対して、ザカリアの場合と同様（ルカ一・一八参照）、マリアも最初は疑問を呈する（三四節）。彼女は「どうしてそのようなことがありえましょうか」という修辞疑問文によってその可能性を疑問視し、その根拠として、未だに男性と関係を持ったことがない点をあげる。天使が幼子誕生の時期を特定していない状況を考えると、このマリアの返答はむしろ奇異に感じられる。すでに婚約している女性なら、近い将来、子どもを産むことは、当然予期されることと考えられるからである。その意味でも、物語の語り手は、先のヨハネの誕生告知の場合と同様（ルカ一・二四節参照）、直後の懐妊を想定しているようである。因みに、このマリアの返答については、マリアは生涯処女で通すことを決心していたとする教会教父の解釈など様々な心理的解釈が試みられ、また近年では、彼女の処女性を読者に改めて確認させるための文学的手法と見なされているが、むしろこの返答はその直後の天使の言葉を誘発し、その後の物語を展開していく機能を果たしていると見なすべきであろう。

これに対して天使は、聖霊がマリアに臨み（ルカ一・一五、使一・八参照）、「至高者」の力が彼女を包むゆえに彼女から生まれる子は「聖なる者」、「神の子」と呼ばれると、この不可解な懐妊が何より神の力によってなされることを示し、処女懐妊と神の子性との関係を強調する（三五節）。この「～に臨む」や「包む」という表現の背景にヘレニズム的な「神的生殖」の観念を見ようとする主張も見られるが、これらの表現は性的な意味合いで用いられているのではなく、むしろ神の現存を示している（ルカ九・三四、使五・一五、出四〇・三五参照）。すなわち、確かにその子はマリアから生まれるが、聖霊によって生み出される神の子なのである。ここでは、三二―三三節におけるユダヤ的なダビデの子としてのイエス理解に対して、神の子としてのイエス理解が強調されており、その意味でもこの段落では双方の要素が結合されて統合的に捉えられている。

さらに天使は、――ザカリアとは異なり、特にしるしを求めなかったマリアに対して――この告知の信憑性を裏付ける一つのしるしとして、すでに年老い、不妊の女と言われていたマリアの親類のエリサベトが妊娠してすでに六箇月になっている事実を明らかにする（三六節）。因みに、マリアとエリサベトが縁戚関係にあったと証言するのはルカ福音書のみであり、このような二人の関係は両者が出会う場面を作り出すための設定と考えるべきであろう。最後に天使は、神のもとではどんなことも不可能ではない（ルカ一八・二七、一八・二七、創一八・一四参照）と断言することによりマリアに最終的な確信を与え、彼の話を締めくくっている。

マリアの従順と天使の退去

天使の言葉に対するマリアの最後の言葉は、エリサベトの言葉（二五節）と同様、この段落を締めくくる機能を果たしている（三八節）。マリアはここで、自分が神の「はしため」（ルカ一・四八参照）であることを告げ、天使の言葉通りに成るようにと、天使によって示された神の意志に対する服従の姿勢を表明している。このマリアの従順はザカリアの不従順と対比されるが（ルカ一・一八、二〇）、事実マリアは、ルカの降誕物語全体を通して、崇拝の対象としてではなく、神に従順な信仰者として描かれている（ルカ一・三九―五六、二・三四、五一）。天使はこのマリアの言葉を聞いた後に立ち去るが、物語の語り手は、このマリアの服従の態度によって彼女に対する神の言葉が実現に至ることを示唆している。

まとめの考察

ヨハネとイエスの誕生告知物語は、天使ガブリエルによって、出産不可能な女性（不妊の老女と未婚の処女）からの男児誕生が告知され、命名が指示され、「偉大な者となる」幼子の将来の働きについて予告されるという点で一致している。両者の並行関係は、双方の物語の共通の筋［登場人物紹介→天使出現→戸惑い→誕生告知と命名→最初の反応とその根拠→天使の返答→改めての反応］によって強められ、告知を受ける者に対する「恐れるな」との天使の慰めの言葉も両者に共通している。もっとも、双方の物語は並行的に語られると同時に対比的にも語られている。すなわち、ヨハネの父ザカリアが祭司、その妻エリサベトがアロン家の祭司の家系に属す高齢の女性であるのに対し、イエスの父となるヨセフはダビデ家出身の人物、母となるマリアは平凡な若い女性である。誕生の告知は、前者の場合はエルサレム神殿の聖所において父親となるザカリアに告げられているのに対し、後者の場合は母となるマリアが自宅で告知を受けている。また、ザカリアへの誕生告知が突然、何の前触れもなくなされているのに対し、マリアに対してはまず挨拶がなされ、祝福の言葉が投げかけられている。さらに、ヨハネの将来の使命がイスラエルの民を神に立ち返らせることであるのに対し、イエスの使命はダビデの王座を受け、永遠にイスラエルを治める点にあるとされ、イエスに対しては「至高者の子」、「神の子」という称号が付せられる。そして、ザカリアが誕生告知を受け入れられなかったのに対し、マリアは即座にそれを受け入れている。このような両者間の相違点は、何よりヨハネに対する神の子イエスの優位性を示すものとして説明できるであろう。

　しかしながら、このイエス誕生告知の物語の意味は、単にヨハネの誕生告知の物語を受けて、それを凌駕するだけに留まるものではない。この物語はそのイエス誕生告知の成就を告げる後続のイエスの誕生物語（ルカ二・一―二〇）を準備し、さらにイエスを神のもとに位置づけ、イエスの神の子性が原初的なものであることを示す機能をも果たしているのである。

三　マリアとエリサベトの出会い（ルカ一・三九―五六）

ここまでの箇所では、洗礼者ヨハネとイエス、それぞれの誕生告知について個別に物語られてきたが、この段落においては、両者の母親同士の出会い、さらには胎内の子ども同士の出会いについて語られ、それによって双方の物語が合流することになる。

39 さて、その頃、マリアは立って、急いで山地にあるユダの町に出かけて行き、40 そし
てザカリアの家に入り、エリサベトに挨拶した。41 そして、マリアの挨拶をエリサベトが
聞いたとき、彼女の胎内の子が飛び跳ねた。するとエリサベトは聖霊に満たされて、42 大
声で叫んで言った。「あなたは女性の中で最も祝福されており、また、あなたの胎内の実も
祝福されています。43 私の主のお母さまが私のところに来てくださるとは、どういうこと
でしょう。44 ご覧ください、あなたのご挨拶の声が私の耳に達したとき、私の胎内の子は
喜びにあふれて飛び跳ねました。45 主のもとから自分に語られたことは実現すると信じた

女性は幸いです」。
46 そこでマリアは言った。「私の魂は主を崇め、47 私の霊は私の救い主である神を喜びま
す。48 彼（神）がご自分のはしための卑しさを顧みられたからです。ご覧ください、今か
ら後、あらゆる世代〔の人々〕が私を幸いな者と言うでしょう、49 力ある方が、私に偉大
なことをなさいましたから。その御名は聖く、50 その憐れみは幾世代にわたり、彼を畏れ
る者たちに〔臨みます〕。51 彼はその腕で力ある業をなし、その心の思いが高慢な者たちを
打ち散らされました。52 権力者たちをその座から引き降ろし、卑しい者たちを高く上げら
れました。53 飢えた者たちを良いもので満たし、富める者たちを空手で追い返されました。
54 その僕イスラエルを受け入れて、憐れみをお忘れになりませんでした。55 私たちの先祖
に語られた通りに、アブラハムとその子孫に対してとこしえに」。
56 さてマリアは、三箇月ほど彼女（エリサベト）のもとに滞在してから、自分の家に
帰って行った。

テキストの構成と起源

マリアとエリサベトの出会いについて記すこの箇所全体は、冒頭の「〜に出かけて行き」（三九節）と結びの「〜に帰って行った」（五六節）という対照的な二つの表現によって枠付けられている。また、この段落全体は、末尾の五六節を除くと、マリアのエリサベト訪問とマリアに対する

エリサベトの祝福について述べられた部分（三九―四五節）と、それへの応答としてマリアの口から語られた「マリアの賛歌」（四六―五五節）の二つの部分から構成されているが、前半部のエリサベトの祝福の言葉（四二―四五節）は、マリアの賛歌における神賛美に対応しており、両者は、「喜び」（四四節／四七節）や「幸い」（四五節／四八節）等のモチーフを共有している。

マリアの賛歌は、そのラテン語訳（ウルガタ）の冒頭部分（Magnificat anima mea Dominum）にちなんで「マグニフィカート（マニフィカト）」と呼ばれている。この賛歌は統一的に構成されており、マリアの個人的な感謝について述べる前半部（四六節b―五〇節）と、イスラエルに対する神の救いの業について述べる後半部（五一―五五節）に区分できるが、両者は重要な諸概念を共有しており、いずれも神の憐れみのモチーフによって結ばれている（五〇節／五四―五五節）。その一方で、この賛歌の前半部では個人的救済について焦点が当てられているのに対し、後半部ではそれが一般化・普遍化され、信仰による終末的待望が表明されており、さらに不定過去形（アオリスト形）のみによって叙述されている他、対照的構成、キアスムス（交差配列法）、文末の押韻の使用等、形式的にも前半部と異なる特徴を示している。

この箇所全体は以下のような構成になっている。

①序　マリアのエリサベト訪問とエリサベトへの挨拶（三九―四〇節）
②幼子の反応とエリサベトの祝福（四一―四五節）

③マリアの賛歌（四六―五五節）

（a）導入句（四六節a）

（b）第一連　マリアへの恵み（四六節b―五〇節）

（c）第二連　イスラエルの救い（五一―五五節）

④結び　マリアの帰宅（五六節）

このエピソードは、先行する二つの誕生告知物語を明らかに前提としており、それら二つの物語が結合した後に（もしくはその際に）この位置に挿入されたのであろう。また、マリアとエリサベトの出会いの場面を描写する前半部分（三九―四五節）については、非ルカ的な文体や用語が多く認められ、さらにパレスチナ的な特徴が確認できることから、全体として伝承に遡ると考えられる。その一方で、直前の段落との接合点を作り上げている冒頭の三九節は、ルカに特徴的な表現を多く含んでいることからも、ルカが編集的に構成したのであろう。

後半のマリアの賛歌（四六―五五節）も、前後の文脈と適合しておらず、また、ルカ的な表現がほとんど含まれていないことから、全体としてルカ以前の資料に遡ると考えられる。事実、この賛歌は、「ハンナの歌」（サム上二・一―一〇）や詩編等の旧約章句に並行箇所が見られることからも、ユダヤ教もしくはユダヤ人キリスト教の環境において成立したのであろう。その一方で、マリア個人の幸いについて述べる四八節やこの段落全体を締めくくる五六節は多くのルカ的語彙を含んでおり、ルカの編集句と考えられるが、その意味でも、この賛歌を現在の文脈に配置したのはルカであろう。

以上のことからも、ルカは、マリアのエリサベト訪問の伝承（四〇―四五節）に別の資料から得たマリアの賛歌（四六―五五節）を加え、さらに導入部（三九節）と結び（五六節）を編集的に付加することによってこの箇所全体を構成したのであろう。

マリアのエリサベト訪問

直前の場面（三六節）で天使から親類のエリサベトの懐妊の知らせを聞いたマリアは、エリサベトを訪ねて山地にあるユダの町へと出かけて行った（三九節）。直前の段落における天使による受胎告知からマリアのエリサベト訪問までの時間的経緯については、「その頃」という漠然とした表現で示されているが、「急いで」という表現が続いていることからも、その直後の出来事として描かれているのであろう。

当時、祭司の多くはユダの田舎町、特に山地に住んでいたと想定されることから、ザカリアが住んでいた「ユダの町」を、ヘブロンの南方九キロにある祭司の町「ユッタ」やエルサレムの西方六キロに位置する「アイン・カリム」に同定しようとする試みがなされてきたが、いずれも推測の域を出ない。それにしても、このマリアのエリサベト訪問の本来の目的は何だったのだろうか。マリアはエリサベトのもとに約三箇月月間滞在していることから（五六節）、この訪問は、単にエリサベト懐妊の事実を確かめるためのものであったとは考えられない。しかしその一方で、出産直前に帰って来ていることから、彼女のお産の手伝いをするためであったとも考えにくい。むしろ、このようなマリアの行動は、彼女の驚きと喜びの表現と見なすべきであろう。なお、当時の社会的慣習に照らして、身重の若い女性が一人で遠方に出かけるなどということは考えにくいことからも、おそらく物語の語り手は、それまで別々に語られていた二つの物語を結び合わせ、ヨハネとイエスの関係を改めて読者に確認させるために、このような二人の母親の出会いの場面を設定したのであろう。

幼子の反応

さて、マリアがザカリアの家に入ってエリサベトに挨拶したとき、エリサベトが反応する前に彼女の胎内の子が「飛び跳ねた」という（四〇—四一節）。この現象は、エリサベトの胎内にいる子がマリアの胎内の子の存在を認知して喜んだことを示しており、イエスの先駆者としての役割を果たすことになるヨハネの将来の姿がすでにここで暗示されている（ルカ一・一七参照）。この「飛び跳ねる」（スキルタオー）という動詞は、リベカから生まれたエサウとヤコブが、まだ母の胎内にいるときに「押し合った」という箇所にも用いられており（創二五・二二［七十人訳聖書］）、そこでも胎内の子の将来の姿が暗示されている。さて、その直後にエリサベトは聖霊に満たされ（ルカ一・一五、六七参照）、自分の子が胎内で飛び跳ねたことの意味について、つまり、マリアの懐妊の事実のみならず、彼女が身ごもっている子がメシアであることを悟り、大きな声でマリアに賛美と祝福の言葉を語り始める（四二―四四節）。

エリサベトの祝福

エリサベトはまず、並行句によって構成された二重の祝福の言葉を発する。彼女によると、マリアはあらゆる女性の中で最も祝福されており、同様に「胎内の実」（哀歌二・二〇参照）も祝福されている（四二節）。このエリサベトの言葉は、イエスを宿した母胎の幸いを語ったある女性の祝福の言葉（ルカ一一・二七―二八）を思い起こさせるが、そこでは逆に、母性としてのマリアはイエスによって否定的に評価されている。このエリサベトの言葉はまた、イスラエルを危機から救ったユディトに対する祝福の言葉（ユディ一三・一八―二〇）や「女たちの中で最も祝福される」と述べられるヤエルに対する祝福の言葉（士五・二四）とも響き合う（創一四・一九―二〇や中二八・一―四も参照）。

これに続いてエリサベトは、マリアの訪問が彼女にとっていかに光栄なことであるかを述べているが（四三節、さらにサム下二四・二一参照）、注目すべきことに、ここで彼女はマリアを「私の主のお母さま」と言い表している。このことは、マリアの子がその誕生前から「主」（キュリオス）と見なされていたことを示しており、イエスを「主」とする最初期のキリスト教会における信仰告白が反映されているのであろう。さらにエリサベトは、マリアの挨拶の声を聞いたときに彼女の胎内の子が飛び跳ねた（四一節）ことに言及し、それが喜びの躍動であったことを証言している（四四節）。

最後にエリサベトは、主が語ったことは必ず実現すると信じた者は幸いだと述べて、マリアの信仰を讃える（四五節、さらにルカ一・三八も参照）。この箇所は、「主のもとから自分に語られたことは実現するので、信じた女性は幸いです」というようにも訳しうるが、いずれにせよ、マリアはここで神の言葉を従順に受け入れる信仰者の模範と見なされ、天使の告知を受け入れられなかったザカリアとは対照的に描かれている（一八、二〇節参照）。

「マリアの賛歌」は誰が歌っているのか？

エリサベトの祝福の言葉を聞いたマリアは、神への賛歌でこれに応答しようとするが（四六節）、この節の主語をエリサベトとする写本（主にラテン語写本）が若干存在することから、この賛歌はマリアではなくエリサベトによって発せられたのではないかという疑念が古くからもたれてきた。確かに、ラディカルな社会的逆転に言及する賛歌の後半部は、十代の未婚の少女には似つかわしくなく、むしろ、すでに人生経験を積んだエリサベトが聖霊に満たされて歌った賛歌と考える方がより自然であろう。さらに、サムエルの母ハンナとエリサベトの並行性、夫ザカリアの賛歌との並行性、五六節におけるマリアの名の反復の不自然さ等、賛歌の内容や文脈からもそのような印象が強められる。事実、ルカ以前の伝承の段階においては、そのような可能性も十分に考えられるであろう。しかしながら、エリサベトがマリアを祝福した直後に自らへの恵みに対する感謝を長々と述べるのは不自然である点、もしエリサベトがマリアの言葉に引き続いて賛歌を歌ったのなら新しい導入句は不要と考えられることなどから、少なくともルカの文脈においては、賛歌の主語はやはりマリアと見なすべきであろう。

マリアへの恵み

さてマリアは、「私の魂は主を崇め、私の霊は私の救い主である神を喜びます」と歌い始める（四七節、さらに詩三四・三、三五・九、六九・三一も参照）。この箇所は「主にあって私の心は喜び、……」（サム上二・一）というハンナの歌の冒頭部を思い起こさせる。ここでは「魂」と「霊」は並置されており（イザ二六・九参照）、両者は同様の意味で用いられているのであろう。

そしてそのように、神を崇め、喜ぶ根拠としてマリアは、神が「ご自分のはしための卑しさを顧みられた」という点を挙げているが（四八節）、この部分はまた、男児を授かることを祈り求めるハンナの「あなたのはしための卑しさを顧み」（サム上一・一一〔七十人訳聖書〕）という祈りの言葉と明らかに関連している。このように、マリアはここで自らを卑しい人々と同列に置いて、賛歌の後半部における貧しい人々への祝福の約束を予示している（五二―五三節）。さらにマリアは、今後どの時代の人々も彼女を幸いな者（四五節参照）と呼ぶだろうと続ける（創三〇・一三参照）。その理由は何より、「力ある方」である神が彼女を用いて救い主の誕生という偉大なことをなしたためである（四九節、さらに申一〇・二一参照）。そして、その神の御名は聖く（詩一〇三・一、一一一・九）、その神の憐れみ（五四節参照）は世々限りなく（詩一〇三・一七参照）主を畏れる人々に及んでいく、すなわち、神の名とその憐れみは神とイスラエルの民とを結びつけると語られる（五〇節）。

イスラエルの救い

賛歌の後半部では、対照的な二種類の人間集団の境遇の逆転について、それぞれ心的態度（五一節）、社会的・政治的地位（五二節）及び経済的身分（五三節）に関連づけて述べられている。確かに、神の腕（詩八九・一一参照）が力を振るい、高慢な者たちを打ち散らすと述べる最初の五一節については、片一方の集団についてしか触れられていないが、ここでの「高慢な者たち」は直前の五〇節の「（神を）畏れる者たち」に対置されていると考えることも可能であろう。そうだとすると、四九節b―五〇節と五一節で一組の対句として構成されていることになり、ここでも二組の集団の対照的な位置づけが暗示されていると見なしうるであろう。

五二―五三節の両節では対照的な二つのグループの境遇の逆転が明確に記され（サム上二・七参照）、「権力者たち」が引きおろされる一方で「卑しい者たち」は高く上げられ（ヨブ五・一一、一二・一九、エゼ二一・三一を参照）、「飢えた者たち」が良いもので満たされる一方で「富める者たち」は何も与えられずに追い返される（サム上二・五参照）と述べられ、権力者たち（A）↓卑しい者たち（B）↓飢えた者たち（B′）↓富める者たち（A′）という順序においてキアスムス（交差配列）を構成している。

このように、この五一―五三節では明らかに、「高慢な者たち、権力者たち、富める者たち」が同一グループとして、「卑しい者たち、飢えた者たち（及び神を畏れる者たち）」のグループと対立的に捉えられ、対照的な二組の人間集団の現状の将来における逆転が問題にされている（ルカ六・二〇―二六、一六・一九―二六参照）。その意味でも、賛歌の後半部における不定過去形（アオリスト形）は神の過去の行為を表しているのではなく、将来のことを過去のこととして表現しているのであろう。その際、「高慢な者たち」や「畏れる者たち」という表現にも示されているように、ここでは両者の宗教的態度も問題にされており、その意味で敬虔な貧者と不敬虔な富者との対立が問題になっている。

この五一―五三節の内容を受けて、続く五四―五五節では、神の「僕」（イザ四一・八―一〇参照）としてのイスラエルに対する神の憐れみについて語られ、その憐みによってアブラハムとその子孫に対する神の約束は成就される（創一七・九参照）。なお、最後の「とこしえに」という表現は、イスラエルに対する神の憐れみ深い行為に関連づけられている（五〇節a参照）。

マリアの帰宅

マリアは約三箇月間、エリサベトのところに滞在した後に「自分の家に」に帰宅する（五六節）。この三箇月という期間の設定は、エリサベト懐妊の六箇月後（三六節参照）になされたマリアへの告知と、後続の場面におけるエリサベトからのヨハネ誕生との時間的空白を埋める役割を果たしている。なお、マリアはヨハネの誕生後に帰還したとする主張も見られるが、ヨハネ誕生の場面にマリアが居合わせたとはテキストのどこにも触れられておらず、これはまったくの推測である。また、この「自分の家に帰って行った」という表現は、マリアがまだヨセフと同居していなかったことを示しており、マリアの処女懐胎を裏付けている。

まとめの考察

マリアとエリサベトの出会いについて述べられたこの箇所は、ルカの降誕物語の二人の中心人物であるヨハネとイエスを結びつけ、さらには両者の誕生告知と誕生の記述を相互に結びつける機能を果たしている。また、この二人の母親の出会いに際して、エリサベトの胎の中でヨハネが示す反応は、イエスの先駆者としてのヨハネの将来の姿を暗示しており、その意味でも、このエピソードは、イエスとヨハネの関係をそれぞれが母親の胎内にいた時点にまで遡らせている。このようなヨハネに対するイエスの優位性は、すでに両者の誕生告知の記述においても認められていたが、エリサベトがマリアを「わたしの主の母」と表現することにより決定的なものとなる。

マリアの賛歌においては、自分自身に与えられた恵みとイスラエルの民への神の憐れみに対するマリアの賛美の言葉が連ねられているが、それと共に社会的・経済的境遇の終末論的逆転が強調されている（五一―五三節、さらに四八節も参照）。そしてこの点は、ルカ福音書のこれ以降の記述の中でさらに展開されていくことになる（ルカ四・一八、六・二〇―二六、一六・一九―三一参照）。

四　ヨハネの誕生（ルカ一・五七―八〇）

高齢のザカリアとエリサベトの夫妻に男児が与えられるという天使による告知（ルカ一・一三）の成就は、すでにルカ一章二四―二五節において暗示されていたが、ここにおいてそれは現実のものとなる。それと共に、ヨハネの誕生告知以来しゃべることができずにいたザカリアの口が突然開かれ、彼は神に対して賛美の声を上げる。

57 さて、エリサベトにとって子を産む時が満ちて、彼女は男の子を産んだ。58 そこで彼
女の近所の人々や親族は、主が彼女に対するその憐れみを増し加えられたと聞いて、彼女
と共に喜んだ。59 そして八日目に、彼ら（人々）はその子に割礼を施すために訪れ、父親
の名にちなんでその子をザカリアと名付けようとした。60 ところがその子の母親は、「いい
え、〔その子は〕ヨハネと名付けられねばなりません」と答えて言った。61 しかし彼らは彼
女に「あなたの親族にはそんな名を付けられている人は誰もいません」と言い、62 そして

その子の父親に「この子に何と名付けたいのか」と身振りで尋ねた。63 すると彼〔ザカリ
ア〕は文字を書く板を求め、「この子の名はヨハネ」と書いた。それで彼らは皆驚いた。64
すると突然、彼の口と彼の舌が開かれ、彼は神をほめたたえて語り出した。65 それで、彼
らの近所の人々すべてに恐れが生じた。そして、これらのことすべてがユダヤの山地全体で
語り伝えられた。66 また、〔このことを〕聞いた人々は皆、〔そのことを〕彼らの心に留め、
「いったいこの子はどんな人になるのだろうか」と言った。実際、主の御手がこの子と共に
あったのである。

67 すると、その子の父ザカリアは聖霊に満たされ、預言して言った。68「主なるイスラ
エルの神はほめたたえられよ。彼は〔その民を〕訪れ、その民に贖いをなされた。69 また、
私たちのために救いの角を、その僕ダビデの家に起こされた。70 古来、その聖なる預言者
たちの口を通して語られた通りに。71〔それは、〕私たちの敵からの、私たちを憎むすべて
の者の手からの救い。72〔神は〕私たちの先祖を憐れみ、その聖なる契約を覚えていてくだ
さる。73〔すなわちそれは、〕私たちの父アブラハムに立てられた誓い。こうして私たちは、
74 敵の手から救われ、恐れなく彼〔神〕に仕える、75 私たちのすべての日々において、彼
の前に清く義しく。76 そして幼子よ、お前こそは至高者の預言者と呼ばれる。主に先立っ
て行き、その道を備え、77 またその民に、彼らの罪の赦しにおいて救いの知識を与えるか
らである。78 これは私たちの神の憐れみの心による。これ〔この憐れみ〕によって高い所

から曙の光が私たちを訪れ、79 暗闇と死の陰に座している者たちを照らし、私たちの歩みを平和の道に導く」。
80 さて、幼子は成長し、霊において強くなり、そして、イスラエルの人々の前に自らを現わす日まで荒れ野にいた。

テキストの構成と起源

この箇所は、ヨハネの誕生及び割礼、命名に関する記述（五七―六六節）と、ヨハネ誕生後に父ザカリアが語った賛歌（六七―七九節）、そしてヨハネの成長について述べる末尾の要約的報告（八〇節）から構成されている。後半のザカリアの賛歌は、先のマリアの賛歌がマグニフィカート（マニフィカト）と呼ばれているのと同様、そのラテン語訳の冒頭部分にちなんで「ベネディクトゥス」(Benedictus) と称せられる。マリアの賛歌とザカリアの賛歌は、いずれも多くの旧約章句の暗示を含み、終末論的特徴をもち、また多くの表現を共有しているが、その一方で相違点も多い。

ザカリアの賛歌は、神によるイスラエルの救いに関して神を讃える前半部（六九―七五節）と、ヨハネの将来の使命（ルカ一・一四―一七参照）について改めて預言する後半部（七六―七九節）に区分されるが、両者は文体的にも内容的にも明らかに異なっている。例えば、前半部は三人称で構成され、先のマリアの賛歌と同様、将来の出来事が不定過去形（アオリスト形）で語られているが、後半部は二人称で語られ、未来形が用いられている。さらに、前半部が政治的解放について語り、出エジプト記やダビデに関する旧約章句と響き合う賛歌の特質を強くもっているのに対し、後半部では霊的救いについて述べられ、預言的特質が顕著である。もっとも、この賛歌全体は「訪れる」という語（六八、七八節）によって枠付けられ、前半部と後半部は、「救い」（六九、七一節／七七節）、「憐れみ」（七二節／七八節）、「民」（六八節／七七節）、「預言者」（七〇節／七六節）等の語によって結合している。

この箇所全体は以下のような構成になっている。

①ヨハネの誕生と命名（五七―六六節）
（a）ヨハネの誕生（五七―五八節）
（b）幼子の命名（五九―六四節）
（c）人々の反応（六五―六六節）
②ザカリアの賛歌（六七―七九節）
（a）導入句（六七節）
（b）第一連　イスラエルの救いに対する神への賛美（六八―七五節）
（c）第二連　幼子の将来の働きに関する預言（七六―七九節）
③幼子の成長（八〇節）

ヨハネの誕生告知の記述（ルカ一・五―二五）と同様、この箇所も元来はイエスの降誕物語には含まれていなかったのであろう。五七―六六節については、先行する二六―五六節を前提としておらず、元来は五―二五節のヨハネの誕生告知物語に直結していたと想定され、誕生告知物語と同様、全体として洗礼者教団の伝承に遡ると考えられる。また、ザカリアの賛歌（六八―七九節）は、マリアの賛歌と同様、旧約的表現を多く含み、ユダヤ的・終末論的色彩が強いことから、全体としてユダヤ教もしくはユダヤ人キリスト教の資料に遡り、ルカによってここに挿入されたのであろう。もっとも、内容的に明らかに異なる賛歌の前半部（六八―七五節）と後半部（七六―七九節）は元来結びついておらず、後半部は前半部とは異なる資料に遡り、ルカ以前に二次的に付加された可能性が高い。なお、ルカ的語句を含む冒頭の六七節と、後出のイエスの成長に関する記述（ルカ二・四〇、五二）と並行する末尾の八〇節は、ルカの編集句であろう。

以上のことからも、おそらくルカは、ヨハネの誕生に関わる資料（五七―六六節）とザカリアの賛歌の資料等（六八―七九節）を用いつつ、さらに六七、八〇節等を付加することによって、この箇所全体を編集的に構成したのであろう。

ヨハネの誕生

マリアが帰宅した後、エリサベトは「子を産む時が満ちて」（ルカ二・六、創二五・二四参照）

男児を出産するが（五七節）、これにより、ザカリアに対する天使の誕生告知（ルカ一・一三ａ）は成就することになる。エリサベトの出産の事実を知った近所の人々や彼女の親族は、これまで子どもに恵まれなかったエリサベトの出産を神の憐みと見なして大いに喜び、懐妊当初は身を隠していたエリサベトも（ルカ一・二四）、まさに天使が「多くの人もその誕生を喜ぶ」（ルカ一・一四）と予告したように、人々と共に喜びを分かち合った（五八節）。すでに触れたように、このような描写は、当時のユダヤ人女性にとって子どもに恵まれないことがいかに悲惨なことであったかを如実に物語っている。

幼子の命名

誕生して八日目になって、人々が幼子に割礼を施すために彼女のもとを訪れた（五九節）。割礼はユダヤ人のアイデンティティに関わるモーセ律法の最重要項目であり（レビ一二・三、さらに創一七・一二、二一・四参照）、ユダヤ人の家庭に生まれた男児は割礼を受けることによって初めてイスラエルの民の一員と認められた。割礼を施しに来た人々は、前節の「彼女の近所の人々や親族」と考えられるが、彼らはこの幼子に父親の名を取ってザカリアと名付けようとした。両親以外の者が命名することは実際にはあり得なかったようなので、これはこの直後のザカリアの発言を導くための文学的設定であろう。なお、旧約聖書の記述によると命名はしばしば誕生後ただちに行なわれており（創二一・三、二五・二五―二六）、八日目に割礼と併せて命名も行う記録は後代のものであることから（ルカ二・二一参照）、ルカの記述は、生後数日後（七日目もしくは十日目）に命名していたギリシア的慣習の影響を受けているのかもしれない。また、当時のユダヤ社会では父親の名をとって名付けることは稀であり（トビ一・九のみ参照）、祖父の名をとって名付けることが多かった（Ｉマカ二・一―二、ヨベ一一・一五参照）。

ところが、人々が幼子にザカリアと名付けようとしたところ、母親のエリサベトは異議を唱え、幼子の名はヨハネでなければならないと言い張った（六〇節）。それにしても、天使からザカリアに示されたこの名前をエリサベトはどのようにして知り得たのだろうか。この点に関しては聖書には言及されておらず、たとえザカリアがしゃべれなくても、後述の書き板等を用いて（六三節参照）、天使から告げられた幼子の命名についてエリサベトに事前に伝えていたという可能性も完全には否定できないであろう。しかし、その直後にこのエリサベトの主張と一致するザカリアの返答を聞いて人々が驚いていることからも、語り手はむしろ、エリサベトが奇跡的な仕方で独自にその名を知り得たということを示そうとしているのであろう。

しかし、親族に見られない名前をつけるのは異例であったため、人々はエリサベトのこの提案を不審に思い、あなたの親族にはヨハネという名前の人はいないと述べ、父親のザカリアに幼子にどのような名をつけたいかと身振りで尋ねるが（六一―六二節）、この記述によって初めて、ザカリアはしゃべれなかっただけでなく、耳も聞こえなかったことが明らかになる。尋ねられたザカリアは文字を書く板を持って来させて、「この子の名はヨハネ」と書いたので、人々は皆、エリサベトが提案した名前と一致していることに驚いた（六三節）。しかし、ここでさらに驚くべき出来事が続く。天使からヨハネ誕生の告知を受けて以来しゃべれずにいたザカリアの口がこの時突然開き、神をほめたたえたというのである（六四節）。

人々の反応

この不思議な出来事を目の当たりにした近所の人々は、皆一様にこの出来事に恐れを感じるが（六五節）、「恐れ」はルカ福音書においては、神の力の顕現に対する典型的な反応である（ルカ五・二七、七・一六、八・三七参照）。そして、この出来事はユダヤの山地全体（ルカ一・三九参照）に伝えられていくが、このことを伝え聞いた人々は皆、その出来事に心を留め（ルカ二・一九参照）、「いったいこの子はどんな人になるのだろうか」と、この幼子の将来について語り合った（六六節）。主の御手（＝力）がこの幼子と共にあったとする最後の注釈は、直前の言葉を発した人々の発言とも見なしうるが、過去形で構成されていることからも、むしろ語り手による注釈と見なすべきであろう。

イスラエルの救いに対する神への賛美

そこでザカリアは、まさに直前の段落における彼の妻エリサベトと同様（ルカ一・四一―四三参照）、聖霊に満たされて、神による救いの出来事について語り始めるが（六七節）、賛歌の前半部（六八―七五節）では、まずイスラエルの神に対する賛美が述べられる（代上一六・三六、王上一・四八参照）。ザカリアの賛美については、すでに六四節で言及されていたが、「ほめたたえられよ」という祝福の典礼的形式で始まる賛歌において、その具体的内容が示される。その神賛美の根拠はまず、神がイスラエルの民を訪れて彼らを贖った点にある。神が民を「訪れる」という表現は旧約聖書に頻出し、多くの場合、救いをもたらす神の働きを表現し（創二一・一、五〇・二四―二五、出四・三一）、終末論的意味を含んでいる。

神賛美のもう一つの根拠は、神がイスラエルの民のために「救いの角」を僕ダビデ（使四・二五参照）の家から起こした点に置かれている（六八―六九節）。「角」は力を象徴し（申三三・一七、詩八九・一八、エレ四八・二五参照）、「救いの角」は具体的に救い主・メシアを表している（サム下二二・三、詩一八・三参照）。そして、この救いの角が「僕ダビデの家」に起こされたとあることからも、ここではヨハネではなくメシア・イエスの誕生について語られている。さらに、このことはこれまで聖なる預言者たちの口を通して語られてきた（ルカ一・五五、使三・二一参照）と述べられることにより（七〇節）、この救いの出来事は、その預言の成就として示される。因みに、ユダヤ教の十八祈禱文（シェモネ・エスレ）の第十五祈祷にも、神がダビデの子孫から救いの角を生じさせることを願うメシア待望の言葉が見られる。

そして、この神による救いの出来事は、彼らの敵、すなわちイスラエルを憎むあらゆる者からの救いを意味しており（七一節、さらに詩一七・一八、一〇五・一〇参照）、それゆえここでは、出エジプト記に見られるような政治的解放（救済）が意味されている。また、神はイスラエルの先祖を憐れみ、彼らとの間に結ばれた聖なる契約（使三・二五、七・八）を覚えていてくださると語られる（七二節、さらにルカ一・五四―五五も参照）。旧約聖書においては「契約」と「憐れみ」がしばしば並記され（詩八九・二九、イザ五五・三）、契約に対する神の誠実な態度を意味する「契約を覚える」という表現も頻出する（出二・二四、レビ二六・四二、詩一〇四・八）。なお、ここでは、敵からの解放による救いの業が強調されていることから、元来はローマ帝国からのイスラエルの解放が考えられていたのかもしれない。

続いて、この聖なる契約が、神がイエスラエルの祖先アブラハム（ルカ一・五五参照）に対して立てられた誓いであることが明らかにされる（七三節、さらに創一二・三、二二・一六―一八、二六・三、詩一〇五・八参照）。さらに、神の救いの目的は政治的抑圧からの解放に尽きるのではなく、それと同時に、こうして敵の手から救われたイスラエルの民が、生涯にわたって神の前に清く正しく、恐れずに神に仕えることができる状況の創出にあると述べられる（七四―七五節）。

幼子の将来の働きに関する預言

賛歌の後半部（七六―七九節）に入り、ザカリアは「幼子よ」と呼びかけつつ、先駆者としての息子の将来について預言するが、これは先行する人々の問い（六六節）への答えとなっている。イエスが「至高者の子」と呼ばれるのに対し（ルカ一・三二）、その幼子は「至高者の預言者」と呼ばれている（七六節）。「至高者の預言者」はメシア的意味を含んでおらず、ヨハネをイエスの直前に現れる最後の預言者のイメージで捉えるルカ一六章一六節の記述にも適合している。

そして、ヨハネがそのように称せられる根拠として、彼が主に先立って行き（ルカ一・一七参照）、その道を備え（ルカ三・四参照）、罪の赦しによる救いの知識をその民に告げ知らせる点が挙げられる（七六―七七節）。ここでいう「主」は、直後の「その民（＝主の民）」という表現からも明らかなように、元来の文脈では預言者によって道を備える神を指していたが（マラ三・一、イザ四〇・三）、ルカの文脈では、すでにルカ一章四三節でイエスが「主」と表現されていることからもイエスをも暗示していると見なしうる。「救いの知識」は救いへと導く知識を意味するが、ここで表現されるその救いの内実は、賛歌の前半部で強調されていた政治的な救い（七一、七四節）よりもむしろ、罪の赦しによる霊的・根源的な救いであると考えられる。

注目すべきことに、ヨハネの活動に関する福音書の記述において中心的意味をもつ「洗礼」についてはここでは触れられていない（使一〇・三七、一三・二四参照）。もっとも、ヨハネの洗礼は何より罪の赦しへと導くものであり（ルカ三・三）、その意味ではその本質はここに含意されていると見なしうる。そのようにヨハネの使命は、神の子イエスを通してもたらされる、この罪の赦しによる救いへの道を備えさせようとする点に存するのである。

そしてこの罪の赦しは神の憐れみの心によるとされる。この憐れみによって高い所から曙の光が彼らを訪れ（六八節参照）、暗闇と死の陰に座っている人々を照らし出し（イザ四二・七、マタ四・一六参照）、彼らの歩みを平和の道（ルカ一九・四二参照）へと導いていくのである（七八―七九節）。「曙の光」と訳されている語は、元来の文脈ではヨハネを指していたと考えられるが、ここで問題となるのは、ルカの文脈においては「イエス」、「ヨハネ」、「神」のいずれを指しているのかという点である。この語は本来「（日、月などの）上昇」や「（日の出の場所としての）東方」を意味するが、さらに「光」、「星」、「若枝」をも意味しうる。一部の研究者はこの語を、メシア的存在の比喩としても用いられる「若枝」の意で解し（エレ二三・五、ゼカ三・八、六・一二参照）、そこからメシア・イエスと同定しているが、この解釈は「高い所から……を訪れ、……を照らし」という後続の表現に適合しないことからも難しく、やはりこの語は「曙の光」の意味で理解すべきであろう。おそらくこの箇所の背景には、闇の中にある者に光と平和をもたらすメシアについて語る複数のイザヤ書の章句がある（イザ九・一、五―六、五八・八、一〇、六〇・三他、さらに詩一〇七・一〇、一四を参照）。また、すでに六九節でダビデ家出身のメシアであるイエスの存在が言及され（ルカ一・三二、三五も参照）、直前の七六節でもイエスが主として表明されている点を勘案するなら、ルカがこの語においてメシアとしてのイエスの存在を暗示しようとしていることは十分に考えられる。事実、ユダヤ教においてメシアの到来はしばしば星や太陽の上昇と結びつけられている（民二四・一七、イザ九・二、六〇・一―三、マラ三・二〇等)。その意味でも、少なくともルカの文脈においては、ヨハネは救いへと道備えする存在として捉えられているに過ぎず、ヨハネよりもむしろメシア・イエスに焦点が移っている。

幼子の成長

この段落最後の八〇節は、幼子の身体と精神における成長について要約的に報告することによって、洗礼者ヨハネの誕生物語全体を締めくくっている。「霊において強くなり」の「霊」は、聖霊ではなく、身体に対する精神の意味で用いられている。なお、この箇所は後述のイエスの成長に関する要約的記述(ルカ二・四〇、五二)と密接に関わっており、サムソンやサムエルの成長の記事(士一三・二四、サム上二・二一、二六)に倣ったものと考えられる。ヨハネがイスラエルの人々の前に現れるまで荒れ野にいたという最後の記述は、神の言葉が荒れ野にいたヨハネに降ったことを述べる後続の記述(ルカ三・二)へと橋渡しする機能を果たしている。

まとめの考察

この洗礼者ヨハネ誕生の記述は、明らかに後続のイエス誕生の記述(ルカ二・一―二一)に対応し、その前奏となるものである。その意味では、ザカリアの預言(六七―七九節)は、確かにイスラエルの救いについて語っている点やその旧約的特徴や終末論的性格においてマリアの賛歌（ルカ・四六―五五）と類似しているが、ルカの降誕物語全体の枠組みにおいては、むしろイエス誕生後にシメオンによって歌われた賛歌（ルカ二・二九―三二）に対応していると考えるべきであろう。

このザカリアの賛歌の末尾の部分には、平和の道に人々を導く救い主の到来が暗示されているが（七八―七九節）、まさにこれは「地には御心に適う人々に平和」（ルカ二・一四）というイエス誕生直後の天使の大軍の賛美を先取りするものであり、その意味でもこの箇所全体はイエス誕生の記事を準備する役割を果たしている。

五　イエスの誕生（ルカ二・一―二一）

天使によるヨハネとイエスの誕生告知、さらにはヨハネの誕生告知の成就としてのヨハネの誕生について語られたあとにはイエス誕生の記述が続くが、ここに至ってルカの降誕物語はその頂点に達する。すでに両者の誕生告知のエピソードにおいてヨハネに対するイエスの優位性は示されていたが、この点はここにおいて決定的なものになる。

1 その頃、皇帝アウグストゥスから、全世界〔の人々〕は住民登録をするようにとの勅
令が出た。2 これは、キリニウスがシリア州の総督であったときに行われた最初の住民登

録であった。3 そこで、人々は皆、住民登録をするためにそれぞれ自分の町へ出かけて
行った。4 そして、ヨセフもまた、ガリラヤのナザレという町から、ユダヤの、ベツレヘ
ムと呼ばれるダビデの町へ上って行った。彼はダビデの家系に属し、その一族であったから
である。5 身重であった彼の婚約者マリアと共に住民登録をするためであった。6 ところ
が、彼らがそこに滞在しているうちに彼女（マリア）が子どもを産む日々が満ち、7 彼女
はその最初の男の子を産み、そして彼（その子）を産着にくるみ、また彼を飼い葉桶に寝か
せた。宿には彼らのための居場所がなかったためである。
8 さて、その地方で羊飼いたちが野宿しており、夜通し彼らの羊の群れを見張っていた。
9 すると、主の天使が彼らのそばに立ち、主の栄光が彼らの周りを照らした。それで、彼
らは大きな恐れに襲われた。10 そこで天使は彼らに言った。「恐れるな。見よ、私は民全体
にもたらされる大きな喜びをあなたたちに福音として告げ知らせるのだから。11 今日ダビ
デの町で、あなたたちのために救い主、主なるキリストがお生まれになった。12 そして、
これがあなたたちへのしるしである。あなたたちは産着にくるまれて飼い葉桶に寝かされて
いる乳飲み子を見つけるであろう」。13 すると突然、天使と共に天の大軍が現われて、神を
賛美して言った。14「至高所には神に栄光、そして地には御心に適う人々に平和」。
15 そして天使たちが彼らのもとから天へと離れ去ったとき、羊飼いたちは、「さあ、ベツ
レヘムまで行って、主が私たちに知らせてくださった、その起こった出来事を見て来ようで

はないか」と互いに語り合った。16 そして急いでやって来て、マリアとヨセフと飼い葉桶に寝かされている乳飲み子を探し当てた。17 彼ら（羊飼いたち）はまた〔その様子を〕見て、この幼子に関して彼らに語られたことについて〔人々に〕知らせた。18 そして〔それを〕聞いた人々は皆、羊飼いたちが彼らに語ったことに驚いた。19 しかし、マリアはこれらのことをすべて記憶に留め、その心の中で思い巡らしていた。20 そして羊飼いたちは、彼らが見聞きしたことがすべて彼らに語られた通りだったので、神を崇め、賛美しながら帰って行った。

21 さて、彼（幼子）に割礼を施すための八日間が満ちたとき、彼の名はイエスと付けられた。これは彼が胎内に宿される前に天使から付けられた名である。

テキストの構成と起源

このイエス誕生の記述は、イエスの割礼及び命名について述べる末尾の二一節を除くと、内容的に、①イエス誕生の出来事（一―七節）、②羊飼いたちへの天使の告知（八―一四節）、③羊飼いたちの幼子訪問（一五―二〇節）に区分できる。これら三つの部分は、「（産着にくるまって）飼い葉桶に寝かされている乳飲み子」（七、一二、一六節）及び「ベツレヘム（ダビデの町）」（四、一一、一五節）という共通概念（モチーフ）によって相互に結びついている。また、天使の告知について述べる第二段落（②）と羊飼いたちがその告知を確認する第三段落（③）は多くの点で対応しており、前者は天使の賛美によって（一三―一四節）、後者は羊飼いたちの賛美によって（二〇節）それぞれ締めくくられ、さらに双方の段落は神への賛美と栄光のモチーフによって結ばれている。因みに第二段落（特に九―一二節）は、「天使の出現→目撃者の恐れ→「恐れるな」との天使の言葉→天使の告知」という筋になっている点で前出の二つの誕生告知物語（ルカ一・五―二五、二六―三八）と並行している（もっとも天使の告知に続く目撃者の反論に相当する部分はここには欠如）。なお、第三段落には、「語る」（一五、一七、一八、二〇節）及び「見る」（一五、一七、二〇節）という動詞が頻出する。

イエスの割礼と命名について述べる段落末尾の二一節は、イエスの誕生告知の記述（特にルカ一・三一）と結びついているが、後続の神殿奉献の記事（ルカ二・二二―四〇）の導入部と見なすことも可能であろう。事実、多くの注解者が二一節を後続の段落に含めている。

この箇所全体は、さらに以下のように細かく区分できる。

①イエス誕生の出来事（一―七節）
（a）住民登録の勅令（一―三節）
（b）ヨセフとマリアのベツレヘムへの旅と初子の誕生（四―七節）
②羊飼いたちへの天使の告知（八―一四節）
（a）天使の出現（八―九節）

（b）天使の告知（一〇―一二節）
（c）天使らの賛美（一三―一四節）
③羊飼いたちの幼子訪問（一五―二〇節）
（a）羊飼いたちのベツレヘム行き（一五―一六節）
（b）羊飼いたちの証言と人々の反応（一七―一九節）
（c）羊飼いたちの帰還（二〇節）
④幼子の割礼と命名（二一節）

注目すべきことに、このイエス誕生の記述は、先行する洗礼者ヨハネの物語（ルカ一・五―二五、五七―八〇）もイエスの誕生告知の記述（ルカ一・二六―三八）も前提にしていない。事実、マリアはここで改めてヨセフの婚約者として紹介され、ヨセフがダビデ家の出身であることが再び述べられている（四―五節）。また、聖霊によるマリアの懐妊（処女懐胎）についてもここでは前提にされておらず、ここに描かれているマリアの態度も、天使によるイエスの誕生告知（ルカ一・三〇以下）を前提としていないように思える。そのような意味でも、おそらくこの箇所は元来、先行するこれらの箇所とは別個に独立して存在していたのであろう。このイエス誕生の記述は、マタイのそれとは明らかに異なっており、その起源は明らかではない。R・ブルトマンはこの物語をヘレニズム・キリスト教に帰しているが、旧約的特徴が顕著である点を考えれば、パレスチナのユダヤ人キリスト教に由来する可能性も否定できないであろう。

この箇所全体の統一性について言えば、八節以下の羊飼いのエピソードが統一性をもった元来の物語であり、前半の一―七節は二次的に付加されたのであろう。この一―七節の内、住民登録について述べる一―五節は、ルカに特徴的な語彙や構文が多く用いられていることからも、「御子のベツレヘム誕生」の状況を作り上げるために、ルカが伝承をもとに編集的に構成したものと考えられる。また、イエスの誕生について述べたられた六―七節は形式的に一―五節とは区別され、別個の古い伝承に由来すると考えられるが、ルカ的な語彙も多く含んでいることから、ルカが伝承をもとに構成した移行句であろう。八節以降の箇所については、まず、ルカ二章五一節と内容的に響き合う一九節はルカの編集句と考えられる。おそらくこの節は、元来はマリアへの受胎告知を前提としないこの物語を、それを前提とするルカ一章に滑らかに接続させるために挿入されたのであろう。同様に、多くのルカ的語彙を含む二〇節、さらには後続の段落への移行句としての役割を果たす二一節もルカの編集句であろう（ルカ一・五九参照）。また一四節の天使らの賛美の言葉は、イエスのエルサレム入城直後の弟子たちの群れによる賛美の言葉（「天には平和、至高所には栄光」［ルカ一九・三八］）と部分的に並行しているが、おそらく一四節（及び一三節）は、この賛美の言葉をもとに編集的に構成されたのであろう。

以上のことから、ルカは伝承から受け取った羊飼いのエピソード（八―一二、一五―一八節）に自ら構成した住民登録のエピソード（一―五節）を付加し、さらに種々の伝承を用いて六―

七、一三―一四、一九―二一節を付加し、適宜編集の手を加えることによってこの箇所全体を構成したのであろう。

住民登録の勅令

このイエス誕生の出来事は、洗礼者ヨハネの誕生の記述の場合とは異なり、皇帝アウグストゥスから全世界の住民に住民登録を命じる勅令が出されたという歴史的記述によって始められる（ルカ三・一―二参照）。アウグストゥス（オクタヴィアヌス〔前二七～後一四在位〕）は、ローマを統一し、元首政を開始したローマ帝国の初代皇帝である。冒頭の「その頃」は、マリアに対する天使の受胎告知（ルカ一・三七）がエリサベト懐妊の六箇月後であった点を考慮するなら、直前の段落に記されているヨハネ誕生から約六箇月後の時期を想定させるが、ここまでユダヤの王ヘロデの時代（ルカ一・五）の出来事として語られてきたルカの降誕物語は、ここでその視点を拡大し、世界的視野をもって描かれるようになる。そしてこの住民登録は、キリニウスという人物がシリア州の総督に在任していた時期に行なわれた最初の住民登録であったとされるが、ここには幾つかの問題が存在する。

まず、アウグストゥスの時代に局地的な調査が行われたことは歴史的に確認されているが、「全世界」（ローマ帝国全域）を対象とする住民登録が行われたという記録は存在しない。さらに、キリニウスが実際にシリアの総督に在任していたのは紀元六～一二年であり、確かに紀元六／

七年に住民登録が実施されたことが一応確認されているが（もっともヨセフス『ユダヤ古代誌』一七・三五五、一八・二、二六〔使五・三七も参照〕によるとガリラヤ以外のユダヤのみが対象）、福音書の記述によると、イエスはヘロデ王の時代（前三七〜前四）、すなわち紀元前四年以降に誕生したことになっており（ルカ一・五、マタ二・一参照）、明らかに食い違っている。この点については、例えば、キリニウスはシリア総督に着任する前からこの地方の実力者であり、特別の任務をおびてパレスチナ地方に対して住民登録を実施した可能性も指摘されているが、ユダヤがローマから直接支配を受けるようになる紀元六年以前に、ローマ皇帝の勅令によるユダヤでの住民調査が実施されたとは考えにくく、晩年のヘロデの勢力は衰えていたためにローマ帝国によるユダヤでの住民登録が可能であったという説も推測の域を出ない。この他にも、古代の戸籍調査は長期に亘って行われたために布告の時期と査定の時期の間に数年のずれが生じたとする説や、「キリニウス」は「サトゥルニヌス」（前九〜前六年のシリア総督）の誤写であったとする説など様々な見解が打ち出されているが、いずれの見解も説得力に乏しく、こじつけのように感じられる。以上のことからも、いずれにせよ、この住民登録の記述をそのまま史実と見なすことは難しく、このような矛盾を含んだ記述は、ルカの誤解のために生じたのでなければ、彼の意図的な創作によるものと見なすべきであろう。

そこで問われるのは、ルカはなぜ、この住民登録に言及したのかという点である。これについては様々な可能性が考えられるが、もっとも説得力があるのは以下の説明である。すなわち、イエスのベツレヘムでの誕生については、イエスがナザレ出身であったという点と同様、マタイ、ルカ両福音書が共通して伝えていることからも推測されるように、すでに確固とした伝承が存在しており（ミカ五・一参照）、両福音書記者ともそれを前提として物語を構成しようとした。そのため、マタイにおいては、もともとベツレヘムに居住していたヨセフとマリアが、イエス誕生後、ヘロデの迫害を逃れてエジプトへ逃亡し（マタ二・一三―一五）、最終的に彼らはナザレに移動するという展開になっているが、一方のルカにおいては、ヨセフとマリアは元々ナザレに居住していたことが前提にされているため（ルカ一・二六―二七、二・四、三九）、彼らがナザレからベツレヘムに移動するきっかけを与えるために、ルカはこの住民登録のエピソードを用いたのであろう。

また、ルカがこの住民登録について語る際に、まず皇帝アウグストゥスに言及したのは、イエスの降誕物語全体を世界史の文脈に位置づけることにより、イエスの誕生により普遍的な意味を与え、イエスはイスラエルの民が待望したメシアに留まるものではなく、世界のあらゆる人々のために誕生したメシアであることを示すためであったと考えられる（ルカ三・一―二及び使二六・二六参照）。さらには、「全世界の救済者」と崇められ、強大な武力・権力を背景に「アウグストゥスの平和」を築きあげた世界支配者アウグストゥスと、彼の治世下に貧しい環境のもとで生まれたイエス、この両者を対照的に提示することにより、ルカは真の平和の確立者としての救い主の本質を示そうとしたのであろう。

また三節では、この勅令によって、すべての住民がそれぞれの故郷に帰って行ったと記されているが、ローマの慣習に照らしても、通常は住民登録は居住している地域で行われるはずであり、全住民を出身地に帰還させて行うような登録がローマ帝国領において行なわれていたとは考えにくい。この点については、居住地以外で土地を所有している場合はその場所で登録する義務があったとされることから、ダビデの子孫であるヨセフ（あるいはマリア）はベツレヘムに土地を所有していたために当地に赴いたとする主張も見られるが、これも推測の域を出ない。それゆえ、この節の記述もルカによる創作と考えるべきであろう。

初子の誕生

さて、ヨセフはダビデ家の出身であったので（ルカ一・二七参照）、すでに身重になっていた婚約者のマリアと共に住民登録をするために、ガリラヤの町ナザレ（ルカ一・三九参照）からダビデの町であるベツレヘムへと上って行ったという（四―五節）。一部の写本では「妻マリア」と表記されているが、これらは「婚約者」を同行させるという不自然さを回避するための二次的な改変と考えられる。ただし、マリアがヨセフの妻であったとしても、マリアが夫の出身地に同行する必要があったとは考えにくく、マリアが身重であったためにヨセフは彼女一人をおいて旅立つことができなかったとする説明も説得的ではない。その一方で、元来の伝承においては処女懐胎が前提とされておらず、元来「妻」と記載されていたものが、後になって一章の内容との関連から「婚約者」に書き換えられた可能性は十分に考えられる。なお、本来のダビデの町はエルサレムのシオンの要害であるが（サム下五・七、九、六・一〇、一二、一六、ヨセフス『ユダヤ古代誌』Ⅶ六五）、ダビデの出生地であるベツレヘムも彼の町と見なされていた（サム上一六・一八、一七・一二、五八、二〇・六参照）。

こうして、ベツレヘムに滞在していたときにマリアはイエスを出産するが、このイエス誕生の出来事については、マリアは「その最初の男の子を産み、そして彼（その子）を産着にくるみ、また彼を飼い葉桶に寝かせた」とごく簡潔に語られ（ルカ一・五七―五八参照）、奇跡や神の介入については特に触れられていない。その意味では、この出産がごく自然に行われたことが示されている。「最初の男の子」という表現は、特にイエスの兄弟姉妹の存在（マコ六・三参照）を前提にしているのではなく、あくまでも一番最初に生まれた男児であることを示しており、神の特別の祝福を受けた存在と見なされる長子の特別の立場が念頭におかれているのであろう（出一三・二、一二、三四・一九―二〇、民三・一二―一三及びルカ二・二二以下参照）。なお、生まれたばかりの子を産着（布）にくるむのは当時の一般的な慣習であり（知七・四―五、エゼ一六・四参照）、イエスがごく普通の人間の子どもとして生まれてきたことを示しているに過ぎない。それゆえ、ここにキリスト仮現論への拒絶等、特別の意味を読み込むべきではないであろう。なお、注目すべきことに、ルカの受難物語においては、十字架から降ろされたイエスの遺体は亜麻布に包まれたと記されている（ルカ二三・五三）。

その一方で、家畜の飼料入れである「飼い葉桶」（ルカ二・一五、イザ一・三参照）に幼子を寝かせるという行為は当時においても異常な行為であり（出二・三参照）、それだけにここでは、救い主であるイエスが実に素朴な環境のもとで誕生したという点が強調されている。そしてまた、このように飼い葉桶に寝かせられていることが、イスラエルの民に大きな喜びをもたらす救い主を見出すためのしるしとして機能することになる（ルカ二・一二、一六）。

馬小屋での誕生？

すでに触れたように、一般のクリスマスの物語では、イエスが馬小屋（家畜小屋）で誕生したことになっており、この点に疑いを差し挟む人はほとんどいないように思えるが、聖書にはそのようなことはどこにも記されていない。実際、聖書にはただ「宿には彼らのための居場所がなかったためである」（七節b）とのみ記されているが、しばしばこの表現は、このとき多くの人が住民登録のためにベツレヘムを訪れていたために宿屋はどこも満員で、ヨセフとマリアは自分たちが一夜を過ごす宿を見つけることができず、結果的に粗末な家畜小屋しか見つからなかったというイメージで捉えられてきた。しかしながら、ここで語られているのは、ヨセフたちが泊まる宿がなかったということではなく、ヨセフたちが宿泊した宿（部屋）には十分なスペースがなかったということである。

しかし、そうであるなら、いったいどうしてそのような誤解が生じたのだろうか。おそらくは、生まれたばかりのその幼子を「飼い葉桶に寝かせた」という記述から、その生まれた場所は馬小屋（家畜小屋）であったと推定され、それがいつの間にか定着してしまったというのが実際のところであろう。しかしながら、飼い葉桶の存在は、必ずしもその場所が馬小屋（家畜小屋）であったことを示していない。実は、ここで用いられている「宿」（カタリューマ）という語は、確かに旅人のための宿泊場所を意味しているが、必ずしも独立したスペースを意味しておらず、家の客間という意味でも用いられ（ルカ二二・一一参照）、特に当時のパレスチナにおいては、人と家畜が一つ屋根の下に同居する一室からなる家屋の就寝用スペースが意味されていたとも考えられる（ベイリー『中東文化の目で見たイエス』四〇―四二頁参照）。つまり、そのような特殊な住居の構造のゆえに、生後間もない幼子が飼い葉桶に寝かせられていたという描写が出て来るのであり、換言するなら、当時のパレスチナに見られた住居形態が後世の異文化世界に住む人々には想像できなかったために、いつの間にかイエスは馬小屋で誕生したという話になってしまったのであろう。なお、イエスの誕生については、イエスが洞窟（洞穴）で誕生したという伝説も存在し（『ヤコブ原福音書』一九・二一参照）、絵画等にも描かれている。

天使の出現と告知

八節より新しい場面に入る。イエスが誕生したその夜、ベツレヘム界隈で羊飼いたちが夜通し羊の群れの番をしていた。羊飼いは当時、総じて卑しい職業と見なされており、特にラビ文献においては、「強盗や野蛮人」と同列に置かれ、明らかに否定的に描かれている（ミシュナ「サンヘドリン」三・三参照）。その一方で聖書においては、羊飼いは総じて肯定的なイメージで描かれており、民を守り導く神はしばしば羊を守る牧者、羊飼いになぞらえられている（詩二三・一、エゼ三四・一一―一六他）。事実、イスラエルの民族指導者であるモーセや、ベツレヘムと関係が深いダビデも元々羊飼いであった（出三・一、一七・三四―三五、サム下七・八、詩七八・七〇―七一）。また、ヨハネ福音書一〇章七―一六節においては、イエスが良い羊飼いにたとえられており、ルカ文書においても、羊飼いは望ましい指導者の比喩で用いられている（ルカ一五・四、使二〇・二八等）。確かに、羊飼いが貧しい境遇におかれていたことは容易に想像できるが、その意味でもルカは、ここで羊飼いを二重の意味で用いている。すなわち、一方でダビデおよびベツレヘムとの関係をさらに強化するために、他方では、まず、小さく貧しい存在である羊飼いたちに対して救い主誕生の知らせが告げられたという点を強調するためにである。

さて、その羊飼いのもとに主の天使が現われ、主の栄光が闇の中にいる彼らの周囲を照らし出したという（九節、さらに使一二・七参照）。この「主の天使」（ルカ一・一一参照）が誰であるかは明示されていないが、ルカの文脈から考えて、ヨハネとイエスの誕生告知物語に登場した天使ガブリエルと見なすべきであろう（ルカ一・一九、二六）。また、「主の栄光」は抽象的なものではなく、目に見える光を意味しており（イザ九・一―二参照）、その意味でも、羊飼いが野宿していた暗闇と天使の栄光とがここでは対比的に描かれている。このような天使の出現に際して、ザカリアやマリアの場合と同様（ルカ一・一二―一三、二九―三〇）、羊飼いたちは「大きな恐れに襲われた」（直訳「大きな恐れを恐れた」）という。このように天使の出現に恐れる羊飼いたちに対し、天使はザカリアやマリアに対する場合と同様に（ルカ一・一三、三〇）「恐れるな」という慰めの言葉をもって語り始める（一〇節）。そして天使は、民全体に与えられる大きな喜びについて、すなわち、今日ダビデの町ベツレヘム（四節参照）で彼らのために救い主が誕生したことを告げるのである。

「民」（ラオス）という語は本来イスラエルを意味しており、それゆえここでの「民全体」はイスラエルの民全体を意味している（ルカ一・六八、七七参照）。もっとも、一一節の「救い主、主なるキリスト」という称号が皇帝アウグストゥスのそれと暗に関連づけられているのだとすると、必ずしもユダヤ民族に限定されず、あらゆる民族を指している可能性も否定できないであろう（ルカ二・三二参照）。いずれにせよ、九節の「大きな恐れ」に対応する「大きな喜び」は、羊飼いたちだけでなくイスラエルの民全体に告げ知らされるものであり、ここで羊飼いたちは、その喜びを人々に伝える仲介者としての役割を与えられている。なお、この「大きな喜び」は、ルカ福音書末尾の「大喜びで」（二四・五二）と共に、福音書全体を枠付けている。

また、「今日」は単なる時間的意味にとどまらず、約束の成就としての救済史的意味を含んだ「今日」を意味しており、そのメシアの誕生によって救いが現実になるという終末論的意味を含んでいる（ルカ五・二六、一九・五、九、二三・四三参照）。注目すべきことに、ルカ福音書全体は、イエスの誕生と死の場面における「今日」という言葉によって枠付けられている（ルカ二・一一及び二三・四三）。この語はまた、イエスの公的活動に際しても用いられ（ルカ四・二一）、イエスの活動内容とその救済的意味を要約している。

ここではまた、「救い主、主なるキリスト」という二重の称号が用いられているが、前者の「救い主」（ソーテール）は神々や支配者の意味で用いられてきたヘレニズム期の用語であり（士三・九、一五参照）、アウグストゥス帝に対しても用いられていた。この語は共観福音書においてはルカにのみ用いられているが（ヨハ四・四二も参照）、ルカ一章四七節では神を指し、使徒行伝五章三一節や同一三章二三節ではイエスを指している。また、「主」と「キリスト」を結合した後者の「主なるキリスト」という称号は、新約聖書ではここにのみ見られる（使二・三六の「……イエスを、神は主とし、キリストとした」も参照）。さらに注目すべきことに、マリアの賛歌の冒頭部分では、「救い主」と「主」（キュリオス）がいずれも神の意で用いられており（ルカ一・四六―四七）、「主」については、ルカ一章四三節を除いてここまで常に神の意で用いられている（ルカ一・一六、四七、五八、六六、六八、七七他計一六回）。

さらに天使は、その乳飲み子が産着にくるまって飼い葉桶の中に寝かされており、そのことが、その幼子を認識するしるしになると告げる（一二節、さらに七節参照）。ここで改めて、救い主・主なるキリストであるはずのその幼子が、そのような貧しくみすぼらしい環境のもとで生まれたことが示される。

天使らの賛美

天使の告知は、それに引き続いて起こった、天の大軍が突然現われて天使と共に神を賛美するという現象によって一層強められる（一三―一四節）。「天の大軍」は、天の星や異教の神々等、しばしば否定的な意味で用いられているが（代下三三・三、五、エレ一九・一三、使七・四二参照）、ここでは神を賛美する存在として登場する（王上二二・一九）。この天使たちの合唱は、ただ単に神を賛美するだけでなく、神と民との関係を示唆し、幼子に与えられた使命（一〇―一一節）に解釈を加えることにより幼子の誕生のより深遠な意味を示そうとしている。

二連から成るこの賛美はセム語的対句法によって構成されており、「栄光」は「平和」に、「至高所には」は「地には」に、そして「神に」は「御心に適う人々に」にそれぞれ対応しているが、第一連［「栄光」（A）→「至高所には」（B）］と第二連［「地には」（B′）→「平和」（A′）］は交差配列になっている。なお、「御心に適う人々に」を主格で記す写本も存在しており、この読みを採用するとこの詩文は三連構成になるが（至高所には神に栄光／地には平和／人々には善意）、写本上の証拠は弱い。また、ギリシア語本文に動詞の補語が欠如しているのはセム語に由来するためと考えられ、各連の動詞は祈願法（「～にあれ」）にも直説法（「～にある」）にも解されるが、比較的多くの研究者が主張しているように、ここでは祈願が表されているのではなく、御子の誕生に際する終末的状況が描かれているのであろう。すなわち、このイエスの誕生という出来事によって、「至高所」（ルカ一・三二、七六、七八参照）、すなわち天の神には栄光があり、地上の人々の間に平和（＝救い）が存在するというのである。また、ここでいう「平和」（ルカ一・七九、二・二八参照）は人間の業によるものではなく、神からの賜物としての平和を意味している。因みに、平和をもたらす救い主に関わる告知を伝えるこの一連の記述は、戦争を終わらせて平和をもたらす「救い主」としてこの世に遣わされ、その誕生が「良き知らせ」（福音）の始まりと表現される皇帝アウグストゥスに関する「プリエネ碑文」の記述を思い起こさせる。

羊飼いたちの幼子訪問

賛美の声をあげた天使たちが天へと去って行ったとき、羊飼いたちは、天使が告げたその救い主誕生の出来事を見届けるためにベツレヘムに赴くことを決心した（一五節）。ここでは、羊飼いたちが天使の告知を疑うことなく神の啓示として受け止めたことが示されている。

そして彼らは、天使の告知を受けて急いでエリサベトを訪ねたマリアと同様（ルカ一・三九）、急いでベツレヘムへと向かった。そして、マリアとヨセフ、そして彼らのもとで飼い葉桶に寝かされているその幼子を探し当てたが（一六節、さらに一二節参照）、これにより、彼らに伝えられた告知が確証されることになる。幼子を見つけた羊飼いたちは、天使によって示されたしるしを確認するが、そのことを自分たちのうちに留めておくのではなく、幼子について天使から告げられたことをヨセフとマリア、その他の人々に語り伝えた（一七節）。

羊飼いたちの話を聞いた人々は皆、その羊飼いたちの話を聞いて驚き、不思議に思ったという（一八節）。ところで、この羊飼いたちの話を「聞いた人々」とは、いったい誰のことだろうか。マリアとヨセフと一緒にいた人々（ベツレヘムの住民？）を想定するのが自然であるが、そのような人々については聖書本文の中では言及されておらず、また、マリアらの帰還については後続の二〇節で記されていることからも、帰還後に彼らがそれらの人々に伝えたと解することも難しい。その意味でも、この「人々」はマリアの態度を対比的に強調するために導入された存在と考えるべきであろう。

しかし、その中にあってマリアだけは彼らとは異なる反応を示し、彼女はそれらの出来事をすべて記憶に留め（ルカ一・六六、二・五一参照）、その意味について思い巡らしたという（一九節）。彼女がここで記憶に留めた出来事とは、天使ガブリエルの告知から羊飼いの訪問までの出来事を指しており、神が介入した一連の出来事の真意をマリアだけが理解したという点がここには示されている。なお、元来の文脈においては、生まれる子のメシア性についてすでに天使ガブリエルがマリアに告知していたという点は前提とされていなかったものと考えられる。

これに続く二〇節は、羊飼いの物語全体を締めくくる機能を果たしている。すなわち、幼子について天使から知らされたことを人々に伝える使者としての役割を果たした彼らは、見聞きしたことがすべて天使から告知された通りだったので、神をあがめ、賛美しつつ帰っていった（ルカ一・五六参照）。彼らによって始められた地上における神の賛美は、前述の天使の大軍による神への賛美（一三―一四節）と共鳴している。

幼子の割礼と命名

ヨハネの場合と同様（ルカ一・五九―六三）、ここでは生後八日目のイエスの割礼と命名について簡潔に述べられる（二一節）。ユダヤ人の子として生まれた幼子イエスに割礼が施されるのは当然であるが、洗礼者ヨハネに関する記述と同様、割礼については特に強調されておらず、強調点はむしろその幼子が天使によって示された通りにイエスと命名された点におかれている（ルカ一・三一参照）。

まとめの考察

先のヨハネ誕生の記述と同様にこのイエス誕生の記述においても、誕生そのものについては極めて簡潔に記されており（六―七節及びルカ一・五七―五八参照）、重要なのはむしろ、ルカがこの幼子の誕生を世界の歴史（一―五節）や羊飼いたちへの天使の告知（八―二〇節）と関連づけて記している点である。また、このイエス誕生の記述においても、イエスがその先駆者ヨハネに優る存在であることがはっきりと示されている。事実、イエス誕生に際しての天使の賛美（一四節）に対応する記述は洗礼者ヨハネの物語には見られず、その意味でも、この天使の賛美はこのイエスの誕生物語全体において重要な意味をもってくる。

この箇所で言及されている羊飼い（八、一五、二〇節）、ダビデの町（四、一一節）、飼い葉桶の幼子（七、一二、一六節）等の要素はダビデ物語を思い起こさせ、ダビデ的メシアの誕生を強調している（サム上一六―一七章、ミカ五・一）。しかしながら、そのダビデ的なメシアの誕生の出来事は、極めて貧しい環境のもとで生起した。そのような意味でも、神の終末論的救いの業（平和）の実現は、強力な権力と軍事力を背景に「アウグストゥスの平和」（ローマの平和）を確立した皇帝アウグストゥスによってではなく、彼の時代に誕生した、飼い葉桶に眠る無力な幼子を通してなされるという点がここでは強調されている。さらに、この御子の誕生の告知を受けたのは、近親者でも権力者でもなく、貧しく小さな存在であった羊飼いたちであった。このことは、将来的にイエスによってもたされる福音（救いの業）が一部の人々に限定されるものではなく、広く開かれたものであることを示している。

六　イエスの神殿奉献（ルカ二・二二―四〇）

救いの御子の誕生を物語る直前のイエス誕生の記述（ルカ二・一―二一）がルカの降誕物語の中心部分であることは言うまでもないが、一連の降誕物語はまだ完結していない。最後に、ルカ福音書の降誕物語を締めくくる神殿奉献の物語に目を向けてみよう。

22 さて、モーセの律法に従って、彼らの清めの日々が満ちたとき、彼ら〔両親〕は主に
献げるために彼（イエス）をエルサレムに連れて行った。23 主の律法に「〔母の〕胎を開く
男子は皆、主に対して聖なる者と称せられる」と記されている通りである。24 また、主の
律法に言われていることに従って、山鳩一つがいか子鳩二羽を犠牲として献げるためであっ
た。
25 すると見よ、エルサレムにシメオンという名の人がいたが、彼は義しく敬虔な人物で、
イスラエルが慰められるのを待ち望んでいた。そして聖霊が彼の上にあった。26 彼はまた、
主のキリストを見るまでは決して死を見ることはないと聖霊によって告げられていた。27
そして彼が霊に導かれて神殿の中に入って来たとき、〔イエスの〕両親は、律法の慣習に
従って彼（イエス）に関して〔献納を〕行うために幼子イエスを連れて入って来た。28 す
ると、彼（シメオン）自らがそれ（幼子）を両腕に受け取り、神を讃えて言った。
29「主よ、あなたは今こそ、あなたのお言葉通りに、あなたの僕を平和のうちに去らせて
くださいます。30 私の両目はあなたの救いを見たからです。31 これはあなたがあらゆる民
の前に備えてくださった〔救い〕、32 諸民族に対する啓示のための、あなたの民イスラエル
の栄光のための光です」。
33 彼（イエス）の父と母は、彼についてこのように語られたことに驚いていた。34 する
と、シメオンは彼らを祝福し、彼の母マリアに言った。「御覧なさい。この子は、イスラエ

ルの多くの人を倒れさせ、起き上がらせるために、また、反対を受けるしるしとなるように据えられています。35 ――あなた自身の魂も剣で刺し貫かれます――多くの人の心の思いがあらわにされるためです」。

36 さて、アシェル族のファヌエルの娘で、アンナという女預言者がいた。彼女は非常に高齢で、処女の時〔に嫁いで〕から七年間夫と共に暮らしたが、37 彼女もまた寡婦となり、八四歳になっていた。彼女は神殿を離れず、断食したり祈ったりして夜も昼も〔神に〕仕えていた。38 そして、まさにそのとき、彼女は近づいて来て神に感謝をささげ、エルサレムの贖いを待ち望んでいるすべての人々に彼（イエス）について語った。

39 さて、彼ら（親子）は主の律法に従ってすべてをなし終えたので、自分たちの町であるガリラヤのナザレに帰って行った。40 そして、幼子は成長してたくましくなり、知恵に満ち、神の恵みがその子の上にあった。

テキストの構成と起源

洗礼者ヨハネの誕生の記述においては、誕生直後のヨハネに割礼が施され、命名される場面で、父親のザカリアが幼子の将来の働きについて預言したのに対し（ルカ一・六七―七九）、イエスの場合は、イエスの割礼と命名に続くこの神殿奉献の場面で、シメオンとアンナという敬虔な二人の高齢の男女が現われ、彼らによって幼子の将来の働き等について語られる。原文では、この段落冒頭の二二節の「彼らの清めの日々が満ちたとき」という表現は、直前の段落末尾の「彼に割礼を施すための八日間が満ちたとき」（ルカ二・二一）という表現と極めて近似しており、両段落の結びつきを示している。

この物語は、イエスと彼の両親のエルサレム行きの記述（二二節）に始まり、彼らのナザレ帰還（三九節）及び幼子の成長に関する要約的報告（四〇節）によって結ばれている。注目すべきことに、この段落全体は「律法に従って」という表現（二二節及び三九節）と「エルサレム」（二二、二五、三八節）という語によって枠付けられており、前者についてはさらに、「律法に言われていることに従って」（二四節）、「律法の慣習に従って」（二七節）という類似表現も用いられている。さらに、この段落の中核をなすシメオンとアンナの祝福に関する記述（二五―三八節）は「待ち望む」という語によって囲い込まれている（二五、三八節）。

この段落の中心に位置するシメオンの賛歌（二九―三二節）は、全体を通して旧約的表現によって特徴づけられており、内容的にヨハネの誕生直後のザカリアの賛歌（ルカ一・六七―七九）に対応している。このシメオンの賛歌も、ザカリアやマリアの賛歌（同一・四六―五五）と同様、ラテン語訳聖書の冒頭部分（Nunc Dimittis）から「ヌンク・ディミティス」と呼ばれている。

この箇所全体は以下のように区分できる。

①聖別の献げ物（二二―二四節）
②シメオンの祝福（二五―三五節）
（a）シメオンと幼子の出会い（二五―二八節）
（b）シメオンの賛歌（二九―三二節）
（c）両親の驚きとシメオンの祝福（三三―三五節）
③アンナの祝福（三六―三八節）
④ナザレへの帰還と幼子の成長（三九―四〇節）

この神殿奉献物語は、ルカ福音書にあまり用いられていない用語を多く含んでいることからも、ルカが創作した物語とは考えられず、伝承資料に由来すると考えられる。この物語はまた、イエスの処女降誕も含めて、ここまでのヨハネとイエスの誕生の記事を必ずしも前提としていないことから、元来は独立した伝承だったのだろう。ところで、このイエス奉献の物語はサムエル奉献のエピソード（サム上一・二一―二八）と響き合い、シメオンとアンナはそれぞれサムエルの物語における祭司エリとサムエルの母ハンナに対応している。また、サムエル奉献のエピソードの直後には、マリアの賛歌と並行する「ハンナの祈り」（サム上二・一―一〇）が続いており、さらに、末尾の幼子の成長の記述（四〇節）は、「少年サムエルはますます成長し、主にも人々にも喜ばれる者となった」（サム上二・二六）というサムエル成長の記述に対応している。

このように、このイエスの奉献の記述は旧約聖書のサムエル物語（サム上一―二章）と密接に関わっていることから、この物語を背景に構成されたものと想定される。

また、シメオンとアンナの物語を導入する冒頭の二二―二四節は、ユダヤ的背景をもつ資料のルカによる（ヘレニズム的）改訂であろう。さらに、普遍的救済の言説を含むシメオンの賛歌（二九―三二節）もユダヤ人（ヘレニスト？）キリスト教に由来する別個の資料からルカによってこの位置に挿入されたものと考えられる。なお、ルカに特徴的な語を含む三九節（ルカ二・四参照）と、ヨハネの成長に関する記述（ルカ一・八〇）に並行し、後続の段落への移行句として機能している四〇節はルカの編集句であろう。おそらくルカは、（別個に）伝えられたシメオンとアンナに関する伝承（二五―二七、三四―三五、三六―三八節）に、それぞれ異なる資料に由来する冒頭の二二―二四節とシメオンの賛歌を含む二九―三二節、さらに自ら構成した末尾の三九―四〇節等を付加することによってこの箇所全体を編集的に構成したのであろう。

聖別の献げ物

イエスとその両親のエルサレム行きの理由について述べる段落冒頭部分（二二―二四節）では、律法の規定が逐一引用されており、イエスの両親が律法を遵守していた様子が描かれている。事実、ルカ福音書には、「律法」（ノモス）が計九回用いられているが、その内の五つの用例がこの段落に含まれており（二二、二三、二四、二七、三九節）、内三回がこの二二―二四節に集中している。もっとも、以下に示すように、律法規定に関するルカの叙述は必ずしも厳密ではないようである。

この段落は、モーセの律法に定められた産後の清めの期間が過ぎた後、両親が幼子イエスを主に献げるためにエルサレムに赴いたという記述によって始められる（二二節）。レビ記の記述によると、男児を出産した女性は七日の間汚れており、血の清めのためにさらに三三日間を要し、この期間中は聖なる物に触れたり聖なる場所に入ったりしてはならず、家に留まっていなければならなかった（レビ一二・一―八）。この清めの規定は本来、母親にのみ関わるものであるが、注目すべきことに、ルカはここで「彼女の清め」ではなく「彼らの清め」と記している。これはいったいどういうことだろうか。写本の中には、この「彼らの」を「彼女の」もしくは「彼の」に置き換えているもの、あるいは省略しているものが見られるが、これらは明らかにその矛盾を解消しようとする意図からなされた後代の修正であろう。そこで、この「彼ら」が誰を指しているかという点が問題となるが、それについては、「母子」の他、「両親」、「子と両親」、「ユダヤ人」等、様々な見解が見られるが、おそらくルカは、この規定を母マリアと幼子イエスの両者に関わるものと見なしているのであろう。これについては、ルカのユダヤ教慣習に対する無知、あるいはヘレニズム的慣習への依存のためと説明されてきたが、このような記述は、ルカが「マリアの清め」と「イエスの奉献」を区別せず、両者を一連の行為として一括して捉えたことから生じたものと考えられる。

また律法には、この清めを完了した産婦は、焼き尽くす献げ物として雄羊一匹、贖罪の献げ物として子鳩または山鳩一羽を献げ（レビ一二・六）、産婦が貧しい場合には二羽の子鳩を献げるように定められていたが（同一二・八、さらに同五・七も参照）、二四節には後者の規定についてのみ記されており、その意味では、イエスの両親が貧しかったことを示唆している。なお、民数記等の旧約文書には、特別の誓願を立てて終生（あるいは一定期間）酒類を断ち、聖別された者として献身したナジル人について言及されているが、注目すべきことに、このナジル人の清めの規定においても同様に二羽の山鳩ないし小鳩を献げるように命じられており（民六・一〇）、しかも彼らは清めの期間を終えた後に神殿に出向かねばならなかった（同六・一三）。事実、イエスをナジル人と見なす伝承が存在し、母ハンナによって神に献げられたサムエルもナジル人と見なしうることから（サム上一・一一）、ルカはここでの清めを母マリアとナジル人たるイエス双方の清めの意味で理解しているのかもしれない（五一―五二、六七頁も参照）。

また本来なら、これらの献げ物のためにエルサレムに赴く必要はなかったが、ここではそれはイエスを主に献げるためであったとされ、初めに（母の）胎を開くものは、人も家畜も神の所有であって、主のために聖別して献げられるべしとする初子奉献の規定（出一三・二、一一―一五、さらに民一八・一五―一八参照）が引用される。ルカは旧約本文の「聖別する」に代えて「聖なる者と呼ばれる」という表現を用いているが、これはガブリエルの「生まれてくる子は聖なる者、神の子と呼ばれる」(ルカ一・三五)という言葉に対応している。また、聖別されるということは犠牲として主に献げることを意味しており、人の初子の場合、銀五シェケルを支払って贖わなければならなかったが(民一八・一五―一六参照)、それについては特に言及されておらず、ルカはそれをイエスの神殿奉献の行為に置き換えているようである。なお、この贖い金の支払いは主に父親に課された義務であったが、そのためにエルサレムに赴く必要はなく、各地の祭司のもとで支払うことができた。いずれにしても、ルカはここで、マリアの清めの献げ物とイエスの贖いの献げ物という本来は別々の献げ物を結合して叙述している。

事実、イエスの家族がエルサレムに赴くという状況設定の背景には、イエスがエルサレム神殿で神に献げられる場面を作り出そうとするルカの意図があったものと考えられ、このイエスの奉献の記述は、後続のシメオンとアンナによる祝福の場面を準備している。

シメオンと幼子の出会い

ここでシメオンが初めて登場するが、ここに記されているシメオンによる幼子の祝福は、先行するエリサベトによる幼子の祝福(ルカ一・四二―四五)に対応している。まず、このシメオン(「神は聞き入れられる」の意、創二九・三三、ルカ三・三〇他参照)が紹介される。彼はザカリアやエリサベトと同様に「義しく」(ルカ一・六、二三・五〇、マタイ一・一九、使一〇・二二参照)、また「敬虔な」(使二・五、八・二、二二・一二参照)人物であり、イスラエルの慰め、すなわちイスラエルにメシアによる救いが与えられることを待ち望んでいたが（イザ四〇・一―二、六六・一二―一三参照）、この点は「善良で義しい」アリマタヤのヨセフが「神の国を待ち望んでいた」という記述（ルカ二三・五〇―五一）に対応している。さらに、聖霊が洗礼者ヨハネ（ルカ一・一五、八〇）、マリア（同一・三五）、エリサベト（同一・四一）、ザカリア（同一・六七）に降ったように、彼の上にも聖霊が留まっていた。因みに新約聖書外典に含まれる「ヤコブ原福音書」の二四章三―四節では、シメオンは大祭司の地位にあり、ザカリアの後継者として描かれている。

このシメオンはまた、メシアが到来するのを待望しつつ生きていたが、「主のキリスト」（二一・一一の「主なるキリスト」及び九・二〇、二三・三五の「神のキリスト」参照）に会うまでは決して「死を見ることはない」（詩八九・四九参照）、すなわち決して死なないと聖霊から告げられていた（二九―三〇節参照）。この言葉は、「神の国を見るまでは決して死なない者がいる」（ルカ九・二七）というイエスの言葉を思い起こさせる。なお、女預言者と明記されている後出のアンナとは異なり、シメオンは預言者として紹介されてはいないが、それでも彼は聖霊によって預言する預言者として描かれている。

さて、このシメオンが「霊に導かれて」（ルカ四・一、一四参照）神殿の境内に入って来たちょうどまさにそのときに、幼子の両親、すなわちマリアとヨセフが律法の規定に従って、献納を行うために幼子イエスをそこに連れて来た。ここで霊に言及されていることは、この出会いが偶然ではなかったことを示しており、死を前にした老人シメオンと生まれたばかりの幼子イエスとのこの出会いは、メシアによる救いの待望の成就を暗示している。そしてシメオンはイエスを腕に抱き、ザカリアの場合と同様（ルカ一・六四、六七―六八参照）、その幼子のことで神を讃え始めた。

シメオンの賛歌

この賛歌（二九―三二節）の冒頭部分で、シメオンは神に「主よ」と呼びかけ、「あなたは今こそ、……あなたの僕を平和のうちに去らせてくださいます」、すなわち、自分は今安らかにこの世での生涯を終えることができると語る（二六節、創一五・一五参照）。自らを「僕」と見なす（ルカ一・三八、四八参照）シメオンの姿勢は、改めて彼の敬虔で謙遜な人柄を示している。また、「主」（デスポテース）という語はユダヤ教ではしばしば神の意味で用いられており（ダニ九・八、一五―一七、一九他）、新約聖書にもその用例が見られるが（使四・二四、黙六・一〇）、この語は本来、奴隷に対する主人の意味をもっており、「僕」に対する「主人」の意味をキュリオス以上に的確に表現している。その意味では、この「去らせる」は、死と共に奴隷状態からの解放をも意味しているのかもしれない。なお、「平和のうちに死ぬ」は旧約聖書の定型句である（創一五・一五、エレ三四・五他）。

「平和のうちに去らせてくださいます」と語る理由として、シメオンは自分の目で神の救いを見たためであると述べるが（ルカ三・六、十二三・二三参照）、ここでいう「救い」（ソーテーリオン）は幼子イエスの誕生、ひいてはイエスの存在そのものを指している（ルカ二・一一の「救い主」（ソーテール）参照）。すなわち、イエスの誕生によって、今や彼は来るべき方を見届ける使命を成し遂げたというのである。その意味でもこの賛歌は、栄光と救いの到来を告げるイザヤ書六〇章一―二節等の旧約聖書の預言がイエスにおいて実現されたと見なしており、待望の時が終わって成就の時が始まったという確信を表明している。

この「救い」は、「あらゆる民の前に」備えられたものであり（ルカ二・一〇、三・六参照）、「諸民族に対する啓示」（イザ四二・六、四九・六、使一三・四七、二六・二三）と「あなたの民イスラエルの栄光」のための「光」と表現される。「あらゆる民」は、複数形で表現されていることからも、ユダヤ人のみに限定されておらず、三二節では「諸民族」と「あなたの民イスラエル」という表現が並列されていることからも明らかなように、ユダヤ人を含むあらゆる民族を意味している。その意味でも、この賛歌においては、先のマリアやザカリアの賛歌とは異なり、イスラエルに限らず、すべての民の救済が視野に入れられており、イエスによる普遍的救済が強調されているが、これはルカに特徴的な視点である。

両親の驚きとシメオンの祝福

イエスのメシア性に関するそのシメオンの賛歌を聞いていたイエスの両親は驚いたという

（三三節、さらにルカ二一・八も参照）。考えようによっては、すでにここまでの一連の物語において、天使の告知をはじめ、様々な不思議な体験をしてきたはずの彼らが、ここで改めて驚くのは少々奇異に感じられる。それゆえ、この箇所（シメオンの物語）は元来、マリアへの天使の受胎告知（ルカ一・三一―三五）やイエスの両親が羊飼いから彼らの不思議な体験を知らされたこと（ルカ二・一七参照）、そして、マリアがそのことで思い巡らしていたこと（ルカ二・一八）を前提としていなかったとも考えられる。さらに、ここで表現が「両親」（二七節）から「父と母」（三三節）に変わっていることも、処女懐胎のモチーフを前提としない伝承の痕跡を示しているのかもしれない。しかしその一方で、驚きの描写は奇跡物語を構成する主要なモチーフであり、また、このとき両親は、見知らぬ人が幼子の将来について（普遍的救済の観点から）語ったことに対して改めて驚いたと解することも可能であり、あるいは、この描写はシメオンの言葉を強調する文学的技巧とも見なしうるであろう。なお、ここではルカ的な表現が多く用いられていることから、この箇所がルカの編集句である可能性も否定できないであろう。

ザカリアの賛歌（ルカ一・六八―七九）の場合と同様、ここでも神への賛美の言葉のあとには預言的発言が続いている（三四節）。事実、シメオンはヨセフとマリアを祝福した後（サム上二・二〇参照）、マリアに対して一転して幼子イエスの将来の悲劇的な側面について語り始める。それによると、メシア・イエスは、イスラエルに分裂をもたらし、人々から激しい抵抗を受けることになるというのである。「多くの人を倒れさせ、また起き上がらせる」は、同一の対象を倒して、その後に立ち上がらせる（ミカ七・八、箴二四・一六参照）という意味ではなく、イスラエルの民を二分する裁きを示唆しており（ルカ一二・五一—五三参照）、この時代に対する審判のしるしを意味する「反対を受けるしるし」（ルカ一一・三〇参照）という表現と共に、ここではイスラエルの民のイエスに対する敵対的な姿勢が強調されているのであろう（ルカ四・二八—二九、一三・三三—三五参照）。

さらにシメオンは、マリア自身の魂も剣で刺し貫かれる（詩三七・一五参照）と語り、将来におけるマリアの苦難を暗示する（三五節）。この「剣」の具体的な意味については、①御子を拒絶するイスラエルの象徴、②殉教、すなわち剣による死、あるいは、③裁きの象徴等、様々な説明がなされてきたが、いずれの説にも明確な根拠は認められない。最後の③の「裁きの象徴」とする説について言えば、確かに「剣」は旧約聖書では裁きを象徴しているが（エゼ六・三以下、一二・一四以下、一四・一七）、マリアの心を貫く剣がそのままイスラエルに対する裁きを暗示しているとは考えにくい。また「剣で刺し貫かれる」という表現は、将来受難するイエスの苦しみをマリアが共有するという意でしばしば解されており、とりわけ、十字架につけられるイエスを目の当たりにするマリアの苦悩（ヨハ一九・二五—二七参照）という観点が強調されてきた。しかしながら、イエスの死の場面を含めてルカ福音書の受難物語にはマリアはまったく登場しないことからもこの解釈は難しい。これと同様に、マリアをイスラエルの象徴と見なし、この表現をイスラエルの分裂の意味で捉える解釈も受け入れがたい。その意味でも、むしろこの表現は、イエスが敵対者によって死へと追いやられることにより自分の息子を失うことになる状況（ゼカ一二・一〇、一三・七参照）、あるいは、後続のルカ八章一九―二一節及び一一章二七―二八節との関連において、将来的にイエスとマリアのこの世における親子関係が引き裂かれる状況を指し示していると考えるべきであろう。その意味では、地上における親子の絆以上に神の言葉への服従が重要であることが強調されていることになる。

最後の一文（三五節b）は、直前の三五節aよりもむしろその直前の三四節に結びついており、イエスが抵抗を受けるという状況が生じるのは、多くの人の心にある「思い」、すなわち人々の反論や悪意が明らかになるためであると説明している。ルカはここで、イエスが多くのイスラエルの民から受ける反発や迫害を示唆しているが（ルカ四・二三―三〇参照）、それと同時に救いがやがて異邦人に向けられていくことを暗示しているのであろう（使二八・二八参照）。

アンナの祝福

シメオンに続いて女預言者のアンナが紹介される。アンナという名はサムエルの母ハンナ（サム上一・二）と同名で、ヘブライ語のハンナ（「恵み」の意）のギリシア語形である。また、シメオンに続いてここでアンナが登場する理由としては、事柄の真実性を証言するために二人以上の証言が必要であったという点が考えられるが、ルカにおいてはしばしば男性と女性が対になって登場しているという点も考慮すべきであろう（ルカ一三・一八―二〇、一五・四―一〇他）。

この段落においては、シメオンとアンナは確かに並列的・対照的に描かれているが、描写の仕方は明らかに異なっている。アンナの描写は、出自、年齢、日常的振る舞い等の外面的描写が中心であり、シメオンの場合とは異なり、預言者と紹介されてはいるが、彼女自身の発言は一言も記載されていない。アンナはアシェル族（申三三・二四、默七・六）のファヌエルの娘で、シメオンと同様、すでに年老いており、年若くして嫁いで夫と七年間暮らしたが、夫と死別して八四歳になっていた。

一部の研究者は、この箇所を死別してから八四年という意に解し、彼女の実年齢を一〇四歳あたりと想定し、同様に夫の死後も再婚せずに敬虔な生活を送って一〇五歳まで生きたユディトとの関連性を指摘している（ユディ八・六、一六・二三参照）。事実、八四年を独身の期間と見なすこの解釈は文法的にも可能であることから古くから主張されており、おそらくそのために、夫と暮らした「七年間」を「七日間」とする写本も存在している。確かに、戦後、平均寿命がどんどん上昇して長寿大国となり、一〇〇歳を超える高齢者も珍しくなくなった今日の日本の状況からすれば、このような想定も十分に成り立つが、平均寿命が短かかった古代の地中海世界の状況を勘案するなら、あり得ないことではないにしても、やはり不自然と考えるべきであろう。

その他、この八四という数は単純に十二×七という象徴的意味で用いられているとする見解も見られるが、いずれにせよ、ここで強調されているのは、彼女が長年再婚せずに敬虔な生活を送ってきたという点である。シメオンと同様、彼女も敬虔な人物として描かれており、神殿から離れずに断食したり祈ったりして、昼夜を問わず神に仕えていたという。このような描写は、「六〇歳以下でなく、結婚は一度限りで、良い業に定評があり、昼も夜も祈りを捧げている」という、第一テモテ書五章五、九―一〇節に見られるパウロ的教会のやもめの理想像に合致している。

さて、イエスが連れて来られたとき、彼女はこの幼子に近づいて来て神に「感謝をささげ」、エルサレムの贖いを待ち望むあらゆる人々(二五節参照)にイエスのことを話し聞かせたという。アンナがこのとき語った具体的な言葉は記されていないので想像するほかないが、おそらくシメオンと同様、将来のイエスの救いの業について語ったものと想定される。

ナザレへの帰還と幼子の成長

幼子とその両親は、律法に定められていたことをすべてなし終えてから(二二―二四節参照)、彼らの故郷であるガリラヤのナザレへと帰って行った。ルカの文脈においては、イエスと彼の両親は住民登録のためにナザレからベツレヘムに赴き(ルカ二・四参照)、その地で幼子イエスが誕生した後、引き続きエルサレムを訪れ、神殿での奉献を終えてナザレに帰還したという設定になっているが、その意味でもこの節は、二二節以降の神殿奉献のエピソード全体を締めくくると共に、二章一節以降のイエス誕生の記述全体を締めくくる機能を果たしている。

幼子の身体的・知的成長について記す最後の四〇節は、ここまでのイエス誕生の記述と直後の一二歳のイエスの物語との橋渡しとしての機能を果たすと同時に、後出の「イエスは知恵が増し、背丈も伸び、神と人からますます恵みを受けた」という、もう一つのイエスの成長の記事（ルカ二・五二）及び前出のヨハネの成長の記事（ルカ一・八〇）に対応している（サム上二・二六、三・一九参照）。洗礼者ヨハネの場合とは異なり、ここでは「霊」への言及はないが、成長してたくましくなったという幼子の身体的成長についてのみならず、「知恵に満ち、神の恵みがその子の上にあった」と述べられることにより、この要約的記述はヨハネの記事を凌駕している。なお、「知恵」（ソフィア）も「恵み」（カリス）もルカに特徴的な用語であり、特に「恵み」はマタイ、マルコ両福音書には用例がない。そして、この幼子の知恵は、引き続き語られる一二歳になったイエスの神殿訪問のエピソード（ルカ二・四一―五二）において明らかにされることになる。

まとめの考察

この神殿奉献の物語は、ザカリアが息子ヨハネの誕生直後に賛美する箇所（ルカ一・六七―七九）に部分的に対応しているが、内容的にも、またそれが神殿においてなされたという点においても後者を凌駕しており、洗礼者ヨハネに対するイエスの優位が示されているが、同様のことは末尾の成長の記録についても言うことができる。ここにはまた、シメオンとアンナという二人の人物による幼子イエスの祝福について述べられているが、シメオンは模範的な義人として、アンナは模範的やもめとして、それぞれ肯定的に描かれている。このように、特別な役割をもった幼子の誕生に際して、模範的な人物がその子の将来を予見するというモチーフは類型的なものであり、世界各地に同様の物語が伝えられている。

このイエスの神殿奉献の記述はサムエル奉献の記述（サム上一・二一以下）とも関連しており、降誕物語の他の箇所と同様、旧約的要素が色濃く反映されている。特にイエスの両親が律法に忠実であったことがここでは強調されているが、その一方でここには、イエスが律法を越えて、あらゆる民に救いをもたらす存在であることが暗示されている。まさに、死を目前に控えたシメオンの口を通して幼子イエスの将来の救いの業が告知されるという象徴的な出来事がここには記されているが、この物語は、旧約聖書の時代に属するシメオンに救済史の展開を告知させることにより、古い時代の終焉と共に新しい時代の到来を告げようとしている。

結び　ルカの降誕物語の中心的主題

マタイの降誕物語に続いて、ルカの降誕物語を読み解いてきたが、最後にその中心的主題についてまとめておこう。

ルカの降誕物語の中心的な主題は、「イエスとは誰か?」、さらには「洗礼者ヨハネとは誰か?」という問いに密接に関わっており、何よりイエスが神から遣わされた存在であることを示すことにこの物語の主眼点がある。また、この物語の中で洗礼者ヨハネは終始イエスの道を備える脇役的な存在として描かれ、ヨハネに対するイエスの優位性はこの物語全体を通して明らかに示されている。事実、ヨハネが単に「至高者の預言者」（ルカ一・七六）と表現されているのに対し、イエスは「ダビデの子」（同一・三二、六九、二・四）、「至高者の子」（同一・三二）、「神の子」（同一・三五、二・四九）として、そして世界の救済主と見なされていた皇帝アウグストゥスを凌駕する真の救い主として描かれている。さらに、祭司の家庭に生まれ、ユダヤの山里の近親者のみによって祝われたというように、ヨハネの誕生があくまでも狭いユダヤの枠に限定された出来事として描かれているのに対し、イエスの誕生は世界史的枠組みの中で、あらゆる民の救いの観点から語られているという意味でも明らかにユダヤの枠を越えている。そして、イエスに関する記述のこのような広さと開放性は、貧しい人々や社会的弱者の終末的待望について語るマリアの賛歌（ルカ一・五一―五三）や、イエスを異邦人も含めたあらゆる民に救いをもたらすキリストとして証言するシメオンの賛歌（同二・三一―三二）においても確認できる。

ここまで述べてきた内容からも明らかなように、降誕物語は決してルカ福音書の他の箇所から分離・独立しているわけでも自己完結しているわけでもない。むしろそれはルカ福音書を構成する有機的な一要素としてその文脈の中に組み入れられ、そこに確固とした位置づけをもっている。換言すれば、降誕物語はルカ福音書の他の部分を前提としており、この物語において証言された神の子としてのイエスの本質は三章以降の箇所で明らかにされていくことになる。そしてまた、この降誕物語はエルサレム神殿の場面で始まり、エルサレム神殿の場面で結ばれているが、これはルカ福音書そのものの枠構造でもあり、さらにその直後の少年イエスの物語に見られるガリラヤのナザレからエルサレムへの旅路は、まさに福音書におけるイエスの宣教の状況を先取りするものである。その意味で、この降誕物語はイエスの宣教について語る三章以降の本論の縮図としても捉えられるが、以上のことからも明らかなように、この降誕物語はルカ福音書全体における序章として本論を導入する役割をも果たしている。

結語

　ここまでマタイとルカによる二つの降誕物語を読み進めてきたが、冒頭でも触れたように、これらの物語が相異なる二つの物語であることは明らかであろう。事実、これらの物語は、神の御子イエスがヘロデ王の時代のユダヤのベツレヘムで、ダビデの子孫ヨセフと婚約者していた処女マリアから聖霊によって誕生したという点においては一致しているものの、それぞれのストーリーは明らかに異なっている。しかしながら、このような両者間の矛盾は、これらの物語の価値を減じるものではなく、むしろ聖書の降誕物語がもつメッセージをより豊かなものにしている。

　さらに注目すべきことに、明らかに描き方は異なっているとはいえ、双方の物語とも、この救い主が極めて貧しく素朴な環境のもとで生まれ、また、その誕生を喜び祝おうとしたのは、社会的地位の高い人々ではなく、むしろ貧しく弱く、疎外され、蔑まれていた人々であったと語っている点において一致している。その意味でも、聖書のクリスマス物語は、誰よりもこの世における「小さな者」たちに向けて語られているのであり、まず最初にこのような人々に喜びの使信を告げ知らせようとするものなのである。

今日では、日本においてもクリスマスは「国民の祝日」として定着した感があり、多くの人がこの日を楽しみにしている。もちろん、クリスマス本来の宗教性を無視し、世俗的・商業的色彩の濃い、日本におけるクリスマスの祝い方に対し、根強い批判があるのは事実である。しかしながら、クリスチャンであろうとなかろうと、この日が多くの人によって喜びをもって迎えられているのなら、それはクリスマス本来の意味に適っていると言える。事実、クリスマスは御子イエス・キリストの誕生をお祝いする日であるが、そのイエス・キリストの救いの業がこの世のあらゆる人々に及ぶものであるなら、この日は決して教会の中のクリスチャンだけのものではなく、すべての人のものであるはずだからである。ただその一方で、クリスマスを本当にお祝いしようとする気持ちがあるならば、クリスマスの本来の意味について知っておく必要もあるだろうし、また、クリスマスの喜びのメッセージがまず、この世の「小さな者」に届けられたということも覚えておくべきだろう。

これらのことを今一度心に留めつつ、今年もクリスマスの日を心からの喜びをもって迎えたい。

主要参考文献

・R. E. Brown. The Birth of the Messiah: A Commentary on the Infancy Narratives in the Gospels of Matthew and Luke, London 1993.
・レイモンド・E・ブラウン『キリストは近づいている―待降節の福音（マタイ一章・ルカ一章）』佐久間勤訳、女子パウロ会、一九九六年。
・レイモンド・E・ブラウン『降誕物語におけるキリスト（マタイ二章・ルカ二章に関する小論集）』生態秀夫訳、女子パウロ会、一九九六年。
・J・D・クロッサン／M・J・ボーグ『最初のクリスマス―福音書が語るイエス誕生物語』浅野淳博訳、教文館、二〇〇九年。
・U・ルツ『マタイによる福音書（一―七章）』（EKK新約聖書註解I／1）小河陽訳、教文館、一九九〇年。
・U・ルツ『マタイの神学―イエス物語としてのマタイ福音書』（聖書の研究シリーズ四六）原口尚彰訳、教文館、一九六六年。
・嶺重淑・波部雄一郎編『よくわかるクリスマス』、教文館、二〇一四年。
・三好迪『小さき者の友イエス』（現代神学双書七一）、新教出版社、一九八七年、九―八一頁。

・中野実『マタイの物語を味わう――救いとつまずきの間を歩む神の民』（聖書セミナー一四号）、日本聖書協会、二〇〇八年。

あとがき

本書は、かんよう出版の定期刊行誌『キリスト教文化』の二〇一三年春号から二〇一五年秋号まで六回に亘って連載した「降誕物語を読む」の原稿を修正・加筆したものであり、内容的には二〇一二年度後期の関西学院大学「ＫＧ梅田ゼミ」で担当した「新約聖書の世界―クリスマスの物語を読む」という講座がもとになっている。今年はＭ・ルターによって宗教改革の口火が切られてから五〇〇年という節目の年に当たっているが、この記念すべき年に本書を刊行できたことを心から幸いに思っている。

何より、今回の出版を快く引き受けてくださり、企画から校正、出版に至るまで親身になって付き添ってくださった、かんよう出版社長の松山献氏に心からの謝意を表したい。また、原稿全体に目を通し、わかりにくい表現や誤記等を指摘してくださったウイリアムス神学館学生の宮田裕三、永野拓也、山本直樹、ヒューム・ウイリアム・ユーワンの各氏にも心から御礼を申し上げたい。

本書はキリスト者のみならず一般の読者も対象にしているが、この小著がクリスマスの本来の意味について考える一つのきっかけになるなら、筆者にとって望外の喜びである。

二〇一七年八月二八日

嶺重　淑

著者紹介
嶺重　淑（みねしげ・きよし）
1962年、兵庫県に生まれる。早稲田大学第一文学部史学科卒業、関西学院大学大学院神学研究科博士課程前期課程修了、同後期課程単位取得退学、スイス・ベルン大学にて神学博士号（Dr. Theol.）取得。日本キリスト教団泉北栂教会牧師を経て、現在、関西学院大学人間福祉学部教授（宗教主事）、ウイリアムス神学館非常勤講師。専攻は新約聖書学（主にルカ文書の研究）。主要業績：『聖書の人間像』（キリスト教新聞社、2009年）、『キリスト教入門』（日本キリスト教団出版局、2011年）、『ルカ神学の探究』（教文館、2012年）など。

クリスマスの原像 ―福音書の降誕物語を読む―

2017年11月10日　発行

著　者　嶺重　淑
発行者　松山　献
発行所　合同会社 かんよう出版
〒550-0002 大阪市西区江戸堀2-1-1 江戸堀センタービル9階
電話 06-6556-7651 FAX 06-7632-3039　http://kanyoushuppan.com
装　幀　堀木一男
印刷・製本　有限会社 オフィス泰

ISBN 978-4-906902-87-3 C0016